いつものウォーキングが
最強のボディメイクに変わる！

# やせウォーク

4週間プログラム



運動指導者
森 拓郎

扶桑社

毎日の〝やせウォーク〟で
体はみるみる
美しく変わります！

## 誰もができる「ウォーキング」が
## やせるカギを握っていた！

日常動作には、主に「立つ」「座る」「歩く」がありますが、私はこのなかで、動物である人として最も重要なのは「歩く」動作だと思っています。それは文字通り、私たちがまさに「動く生き物」だからです。

ウォーキングというと、運動経験がない人も取り組める有酸素運動の代表格で、体脂肪を燃やすために消費カロリーを稼げる方法というのが一般的なイメージでしょうか。もちろん、それも間違いではありません。しかし、もう少し本質的な目的をいうなら、直立二足歩行をする人間の基礎動作である「歩く」を理想的な形で行えるようになると、実は脚だけでなく、おなかなどの体幹から腕まで、全身をボディメイクすることができるのです。

しかし、おなかが出ている、ももが太いなどとボディラインを気にしている人の多くは、「正しい歩き方」ができていません。逆にいえば、この基礎動作ができてこそ初めて正しいボディメイクの入り口に立てるのです。私は、「正しい歩き方」は、どんなトレーニングの効果にも勝るものだと思っています。

この本では、ボディラインを崩してしまう悪い歩き方のクセを正し、バランスのとれた美しい体に導く方法を紹介します。誰もが日常的に行う「歩く」動作を、「やせるウォーキング」＝「やせウォーク」に変えるトレーニング法です。

## トレーニングで土台を整えれば日常の歩行が〝やせウォーク〟に変わる

トレーニングは、運動指導者である私ならではの視点で、体幹やお尻といった大きな筋肉から足指の小さな筋肉までアプローチする内容を盛り込みました。1週間ごとの課題をクリアすることで、「正しい歩き方」の妨げとなる筋肉のこりや関節のねじれを解消。たった4週間で、おなかを引っ込め、脚をまっすぐにし、ボディラインを整えていきます。ですから、これまでの歩き方だけを解説したウォーキング本とは、一線を画す内容になっていると思います。

また、各トレーニングにはQRコードをつけました。スマートフォンなどで読み込めば、動画で正しい動きを確認できます。また、テキストだけではわかりにくい部分には、今回特別に解説動画を加えましたので、私がいうところの「正しく歩く」ことへの理解が深まると思います。

# さあ、歩こう。美しくなるために！

歩き方を根本から整えて、日常の歩行を効率的なエクササイズに変えれば、体がみるみる変わるのを実感できるはず。やせウォークを手に入れれば、毎日の通勤や通学だけでボディラインが整う、なんて夢のようなことが起こります。距離を延ばしたり、スピードアップすれば、さらに効果的です。だから、わざわざ時間を割いてジムに通ったり、特別な運動を行う必要はありません。

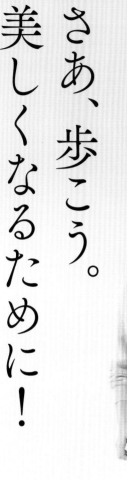

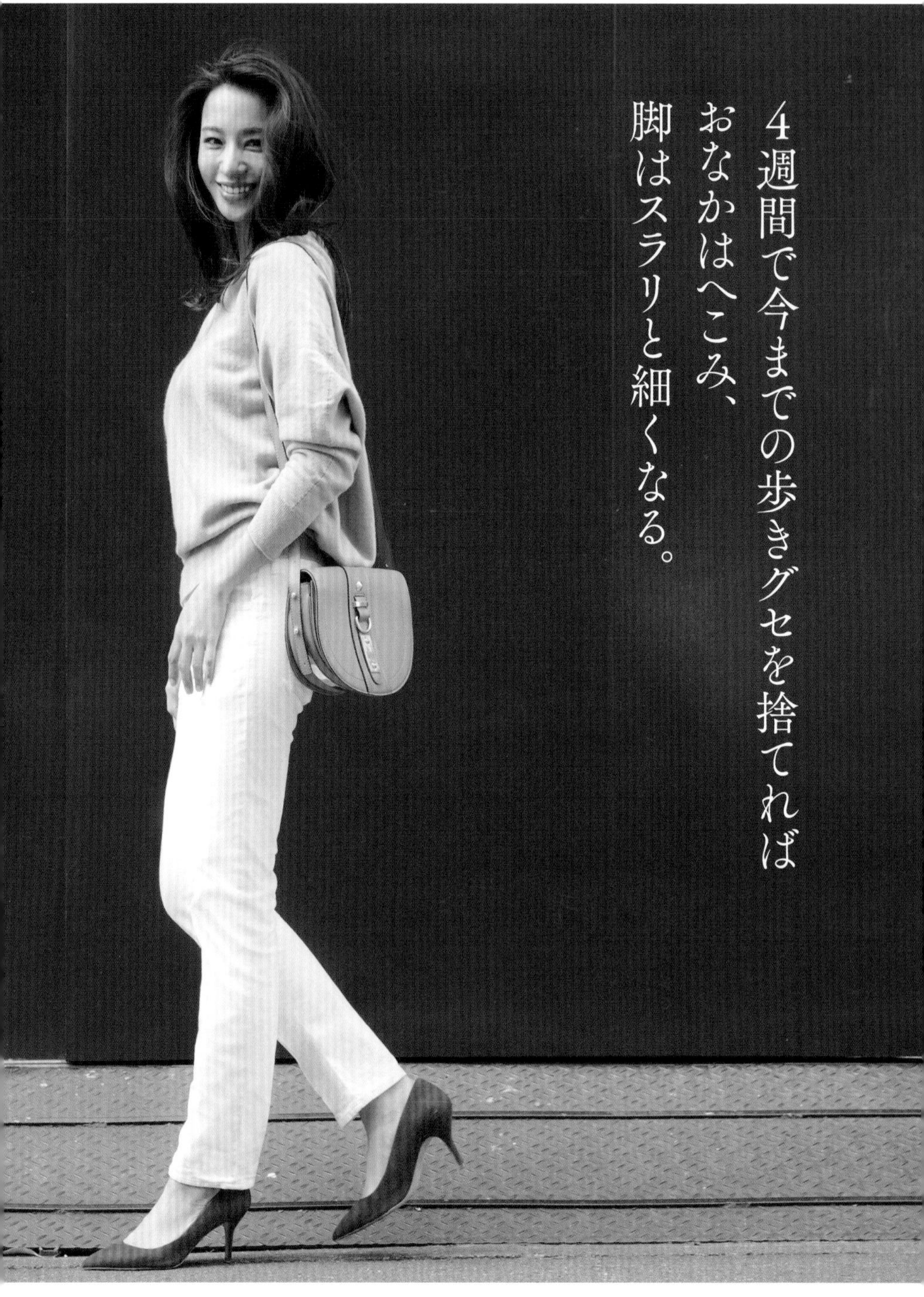
4週間で今までの歩きグセを捨てれば
おなかはへこみ、
脚はスラリと細くなる。

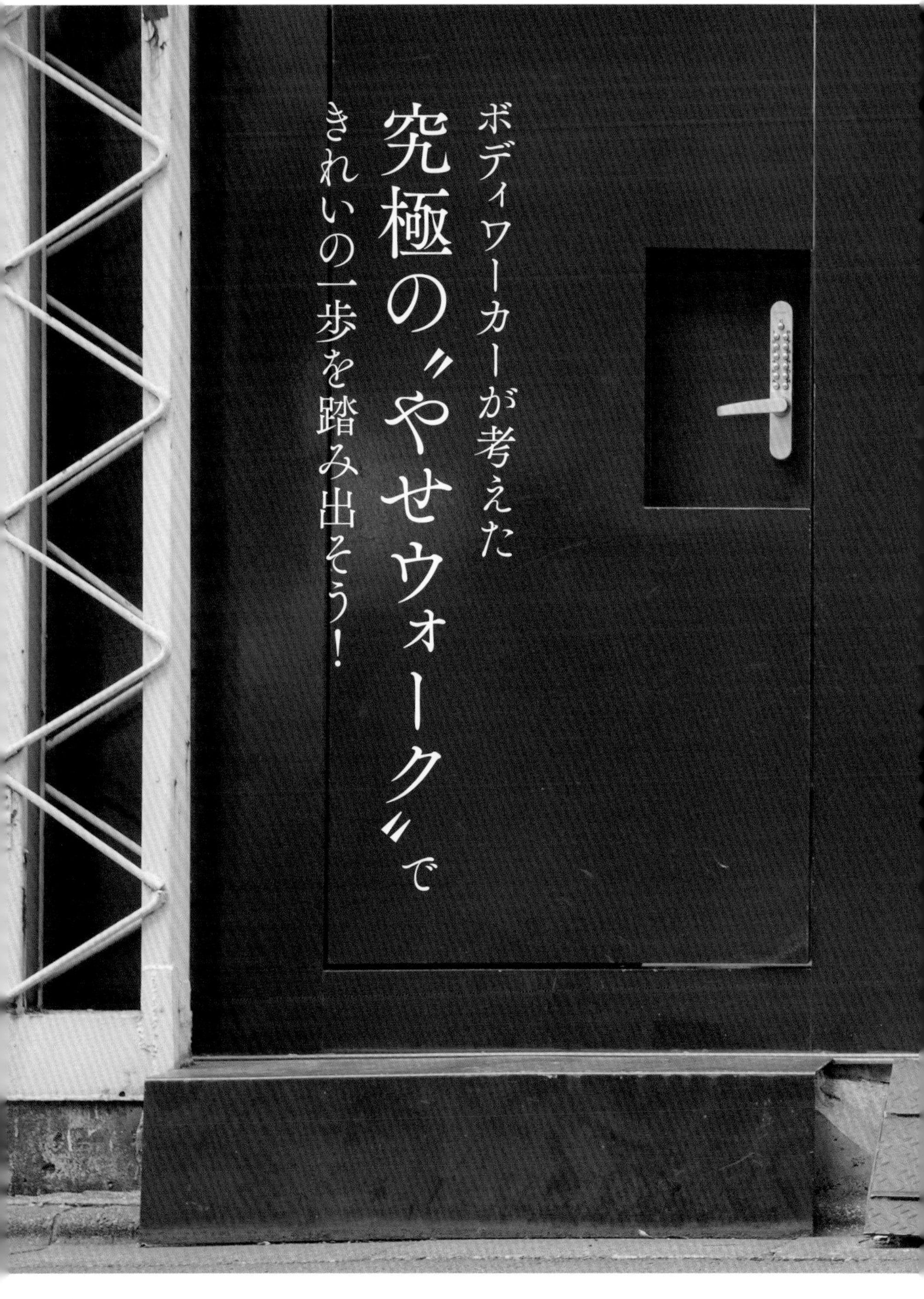

# ボディワーカーが考えた
# 究極の〝やせウォーク〟で
# きれいの一歩を踏み出そう！

Contents


イントロダクション …… 2

## Chapter 1
## 「やせウォーク」の極意は〝正しく歩くこと〟 …… 12

ウォーキング本の〝常識〟がボディバランスを崩していく …… 14

こんなことありませんか? 太る歩きグセNGサイン …… 18

歩くほど太くなる!? その原因を探る! …… 20

【1】上半身の姿勢が悪い …… 20

【2】骨盤が傾き、正しい位置で安定していない …… 22

【3】股関節がかたく、動きが悪い …… 24

【4】ひざ・足首などの関節にねじれがある …… 26

【5】体の重心移動がスムーズにできていない …… 30

【6】足裏・足指が正しく機能していない …… 31

「やせウォーク」とは? …… 34

やせウォークの基本を確認! …… 36

〈高橋メアリージュン・コラム〉
〝隙間時間にできるウォーキングは、私にとって最高のボディメイキング〟 …… 40

## Chapter 2
### 今までの歩きグセを変える!

やせウォーク4週間プログラム …… 42
歩き方を変えるための4週間やせウォークプログラム …… 46
毎日取り入れるべきベーシックストレッチ …… 48

Basic
【ベーシック1】毎日行う股関節のストレッチ …… 50
【ベーシック2】毎日行う前もものストレッチ …… 52

1st week
クセをゆるめる …… 54
【1】裏ももをやわらかくする …… 56
【2】ひざ下のねじれを取る …… 58
【3】重心移動の方向を正す …… 60
【4】脚運びの移動を正す …… 62
【ウォークチェック!】前もも伸ばしウォーク …… 64

2nd week
安定性を高める …… 66
【1】体幹を安定させる …… 68
【2】腰周りの柔軟性を上げる …… 70
【3】足裏の外側のアーチを鍛える …… 72
【4】お尻の奥の筋肉を鍛える …… 74
【ウォークチェック!】親指残しウォーク …… 76

3rd week 正しい動きを記憶させる …… 78
【1】足首の動きを柔軟にする …… 80
【2】お尻の上部の筋肉を鍛える …… 82
【3】片脚立ちでバランス力を強化 …… 84
【4】体幹を鍛えて骨盤を安定させる …… 86
【ウォークチェック!】トントンウォーク …… 88

4th week 正しいフォームを崩さない体になる …… 90
【1】体の側面を刺激してブレない体に …… 92
【2】つま先立ちで体を安定させる …… 94
【3】足裏の外側のアーチを強化する …… 96
【4】脚振りを安定させるバックランジ …… 98
【ウォークチェック!】骨盤ウォーク …… 100

〈森 拓郎・コラム〉
〝やせたいのなら食事の見直しと、まず「歩くこと」〟 …… 102

Chapter 3 もっと正しく、美しく歩くためのQ&A …… 104

〈体験談〉
4週間プログラムで全身やせに成功! …… 122

あとがき …… 124

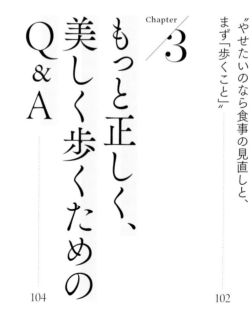

**トレーニングの動きや解説を**
**動画で確認できます**

QRコードを携帯電話やスマートフォンのアプリなどで読み取り、表示されたURLをブラウザで開くと、紹介したトレーニングの動きや詳しい解説を動画で確認できます。

ご注意

●妊娠やその可能性がある方、持病のある方、治療中の方は事前に医師と相談してください。
●実践中に痛みを感じたり、体に異変を感じたりした場合は、すぐに中止してください。
●本書は効果を100%保証するものではありません。効果には個人差があることをご了承ください。
●制作者は本書のエクササイズにおいて生じたいかなる負傷や不調に関して、一切の責任を負いかねます。
●QRコードは株式会社デンソーウェーブの登録商標です。

Chapter 1

# 「やせウォーク」の極意は“正しく歩くこと”

///

日常的に行う「歩く」という動作ですが、多くの人は
知らず知らずのうちに悪いクセが身についてしまっています。
それにより、筋肉不足になったり、関節にゆがみが生じ、
ボディバランスが崩れる原因に。
そのクセを取り、正しく歩くことが「やせウォーク」の真髄です。

# ウォーキング本の〝常識〟がボディバランスを崩していく

歩いてもやせず、太ももやふくらはぎが張り出してきてしまう……。
これらを引き起こすのが、「悪い歩きグセ」です。
人の体はよくできていて、本来なら頭の先からつま先まで
バランスよく動くのですが、大股で歩く、大きく腕を振る、といった
従来のウォーキング本にありがちな常識を意識することで、
不自然な歩き方を自らつくりあげているケースが少なくないのです。
次のページからの４つの動作は、ウォーキング本でよく書かれている
「常識」ですが、これらの動作を意識して行うと
手足の動きに体幹が振り回されてしまい、それがボディバランスを
崩す原因になってしまうので要注意です。

さらに詳しくわかる！
森講座

**「悪い歩き方」**

ウォーキング本の定説である「かかとから着地」と「大股歩き」は、脚を太くしてしまいます。その理由を、わかりやすく映像で解説！

動画をチェック！

# つま先をピンと上げてかかとをつく

「脚を前に出そう」「かかとから着地しよう」と意識して、つま先をピンと上げ、かかとからガーンと着地させていませんか？　歩くとすねの前側が疲れてしまう人も、こんな歩き方をしている場合が多いです。

　このような歩き方をすると、必要以上にひざが伸びてしまいます。本来なら着地した脚も、後ろに送られる脚も、ひざはゆるやかに曲がるものですが、つま先をピンと上げてひざを伸ばしてかかとから着地すると、ひざや足首、足指の動きにブレーキがかかってしまうのです。すると、関節をうまく使えず、ひざ下だけで地面をひっかくような歩き方になってしまいます。

　こうなると思うように前に進みません。前に歩くためには、脚で体を引き寄せなくてはならず、そうして太ももやふくらはぎに余計な負担がかかると筋肉が発達し、歩けば歩くほどたくましい脚になってしまいます。

　ハイヒールでない限り、前に振り出した脚は通常かかとから着地するので、脚は前に置くように出すだけで十分。つま先もかかとも無理に意識することはないのです。

## 大股で歩く

大股で脚を振り出すと腰がねじれるので、くびれにもいいと思いがちですが、それは大きな間違い。大股で歩くと腰をひねるような形になり、本来使うべき股関節やお尻の動きが制限され、効率よく前に進めません。また上半身がねじれてしまうため姿勢が不安定な状態になり、着地するときに外ももが体重を受け止めようとします。つまり、お尻の仕事が減り、太ももの負担が増すのです。大股歩きは非効率。脚が太くなるだけです。

## 腕を大きく振る

腕の動きを大きくすると、大股で歩くときと同じことが起こります。体幹が無駄にねじれて着地時に不安定になり、脚に負担がかかるのです。試しに体の後ろで両手を握って歩いてみてください。肩が前後に大きく揺れませんか？　でも、手を放すと自然に腕が揺れて肩のブレや体幹のねじれが減りますよね。つまり、腕が自然に振り子となって体幹の安定を保っているのです。大きな腕振りは逆効果にもなるので、意識する必要はありません。

# モデルウォーキング

腰を振りながら1本線上を歩き、着地時にひざを伸ばしきるようなモデルウォークは、本来あるべき歩き方ではありません。着地の際にひざを伸ばしきると、前ももにムダな力が入るだけでなく、お尻が外側に揺れて、骨盤が必要以上にブレてしまいます。これはウォーキング指導者から指導を受けた人に多い歩き方で、美しく見せる振り付けのようなもの。この歩き方が間違いというより、目的が違うととらえましょう。

**NG**
モデルウォークの
足運び

**OK**
やせウォークの
足運び

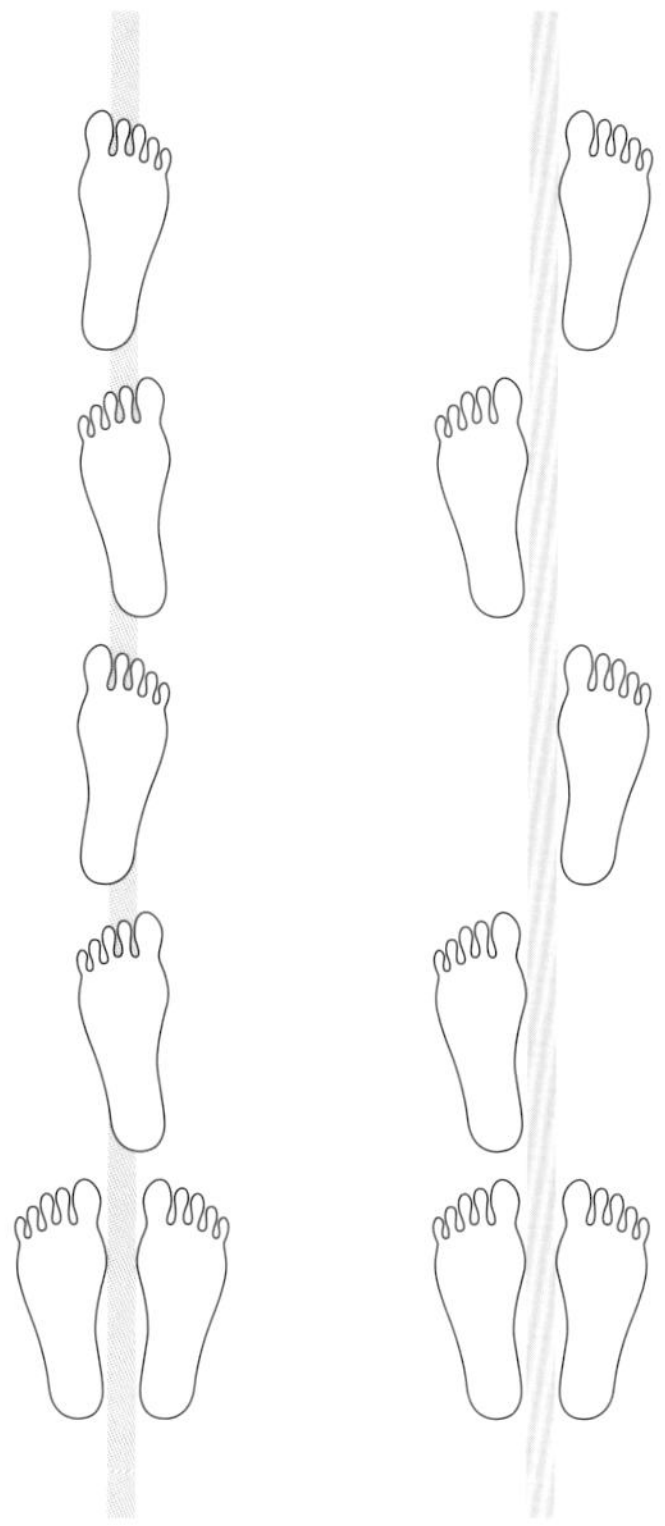

NG：腰をひねらないと1本線上を歩けないため、骨盤が必要以上に左右にブレて、太ももに負担をかける原因に。モデルウォークは美しく見せる振り付けのようなものと心得て。

OK：約5㎝幅の1本の線の外側に足の内側を合わせて歩きます。つま先はまっすぐ前に向ける意識でOK。この方法だと体幹が安定します。

# 太る歩きグセNGサイン

悪い歩きグセを続けると、脚が太くなる原因に。次のサインのうち1個でも当てはまるものがあれば、それは歩き方が間違っている証拠です！

こんなこと
ありませんか？

## □ 靴底のかかとが極端にすり減る

靴底は外側が自然にすり減りますが、極端な減りや、内側の減りは、体のブレやねじれにより、脚に負担がかかっている証拠。なお、左右の減りに差があるのは関節などにねじれがあるサインです。靴底が極端に減った靴を履き続けると、さらに歩行が乱れるので要注意。

## □ 足の裏にタコ、あるいは外反母趾がある

タコや外反母趾は履いている靴の問題もありますが、足指がうまく動かず、足裏の重心移動が正しくできていないことも原因（P.33 NGの図参照）。間違った重心移動で、足裏や足指に無理な負担をかけています。悪化すると、さらにうまく歩けなくなるから問題です。

## □ 雨の日、水はねがすごい

雨の日、ふくらはぎあたりに水がはね、汚れがつくことはありませんか？　これは後ろ脚を蹴り出したときにつま先が外に向いてしまうため。原因は足首などのねじれ。正しい歩き方なら、足の親指はまっすぐ後ろに送られるので、あまり水はねはしないのです。

## □ 太ももの外側や前側、ふくらはぎが張っている

太ももやふくらはぎが極端に張って太くなるのは、体重がまっすぐ体幹にのっていないから。本来なら足が地面につくと同時に、お尻から体幹へと体重がのるのですが、それができずに太ももが体を支えてしまっています。そのため、脚に負担がかかっているのです。

## □ 脚がパンパンになって疲れやすい

ウォーキングは脚だけでなく、体のあらゆる部分を使う全身運動。ところが猫背などで姿勢が悪かったり、股関節などの関節がスムーズに動かせないと、脚ばかりを頼って歩くことに。筋肉を使いすぎてしまうので、疲れてパンパンになるのです。

## □ スカートが回る、パンツのひざから下がねじれる

歩いていてスカートが回ってしまうのは、歩幅の左右差や体幹のねじれがあるから。パンツのひざ下だけがねじれるのは、足首やひざ、股関節がねじれているのが原因です。体幹や関節のねじれ、歩幅の左右差があると、このようなことが起ります。

# 歩くほど太くなる!?
# その原因を探る!

## 1 上半身の姿勢が悪い

人の体を車に例えると、ウォーキングでは、骨盤と下半身をつなぐ股関節はエンジン、脚は車輪、そして上半身は車体や乗員にあたります。

ウォーキングの動作は、一歩踏み出すごとに必ず片脚立ちになるタイミングがあります。このとき車体である上半身の姿勢が悪いと、バランスがとれず、体全体が安定しないため、うまく前に進めないのです。

ここでひとつ例を出しましょう。あなたが重いリュックを背負って歩くとしたら、どのようにバランスをとりますか？　少し前かがみになると思います。また、そのリュックを胸の前で抱えると、少し後ろに傾きながら歩くことになるでしょう。このように、上半身が前後に傾いただけで重心のバランスが崩れ、これが下半身の動き＝歩き方にも影響を与えるのです。

具体的な姿勢でいうと、頭が前に出た「猫背」の場合、前かがみに歩き（P.114図参照）、また「反り腰」だと腰が引けたような歩き方になります。いずれの姿勢であっても上半身のバランスが崩れてしまうことに変わりはありません。とりわけ上半身と下半身をつなぐ骨盤と股関節の連動が悪くなるため、体重がうまくのらなくなります。その結果、ウォーキングの際、メインで働くお尻の筋肉の仕事が減り、代わりに太ももやふくらはぎの負担が増え、脚が太くなってしまうのです。ウォーキングというと脚を使うイメージが先行しますが、このように上半身の姿勢が歩き方に大きな影響を与えます。

　また、猫背や反り腰といった悪い姿勢では、重心が下がって常に下半身で踏ん張った状態になり、ドスドスと歩いてしまいがちで、これも脚を太くする原因に。しかし姿勢をよくし、上半身を正しいポジションにキープできていれば、背すじがピンと伸びて重心が引き上がり、脚への負担が軽減されます。

## 2 骨盤が傾き、正しい位置で安定していない

先ほど上半身は車体や乗員と例えましたが、もう少し厳密にいうと上半身の受け皿となる骨盤が車体で、その骨盤にのる上半身が乗員にあたります。乗員（上半身）を快適に運ばなくてはならない車体（骨盤）は、とくに傾きが重要なポイントです。骨盤が傾いてしまうと、さらにその下にある下半身もうまく機能しません。逆にいえば、この骨盤を正しい位置＝ニュートラルな状態に保つことで、姿勢が整い、上半身と下半身が正しく機能します。これにより、おなかがへこむほか、お尻を使って歩けるようになるため、脚への負担を減らせるのです。

骨盤が傾く原因は、猫背や反り腰。背骨は骨盤の角度にも影響を与えるので、猫背では後ろ、反り腰では前に傾いてしまいます（左の図参照）。このように骨盤が傾くと、腹筋と背筋の長さを等しく保てず負担がかたより、腰痛やぽっこりおなかの原因に。また体幹だけでなく、ひざや首といった部分にも影響を及ぼします。この状態でたくさん歩いてもボディバランスは崩れるばかりです。

骨盤の正しい位置の確認は、左の写真のようにひざ立ちになるとわかりやす

いです。前もものつけ根が伸びるようにして、しっかり骨盤を前に出すと、ひざ下の緊張が取れるため、骨盤のニュートラルな状態をつくりやすくなります。このとき、骨盤の前に手を当てて三角をつくり、手のひらが床と垂直になるように意識しましょう。

この状態では、猫背にも反り腰にもなりづらく、おなかもへこみやすくなっているのが、よくわかると思います。「やせウォーク」のときは、この三角の垂直を保ったまま歩けるよう意識することが重要なのです。

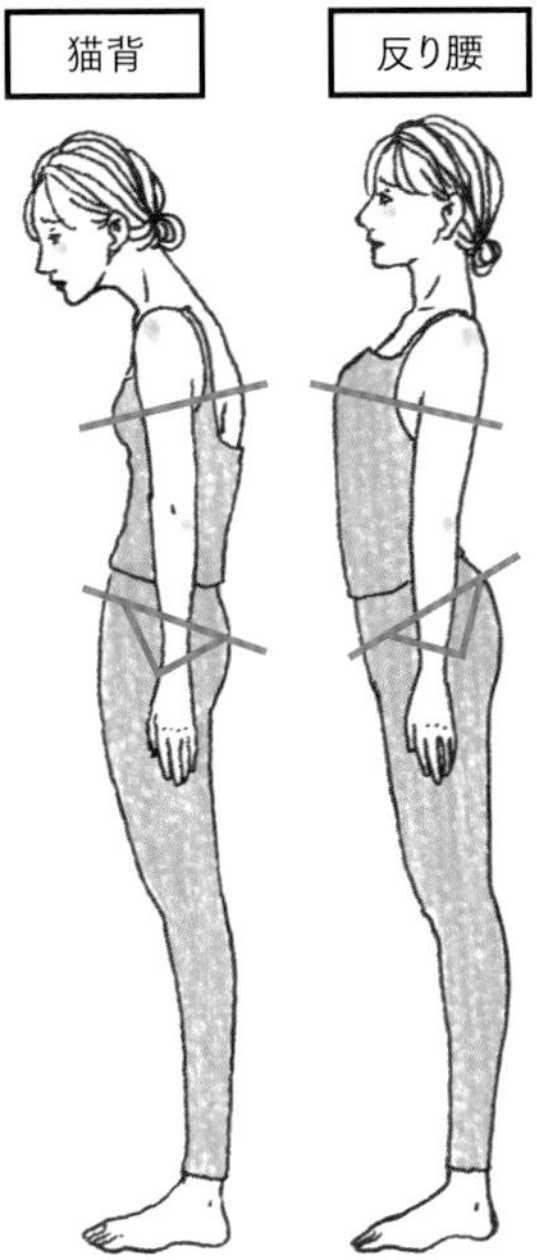


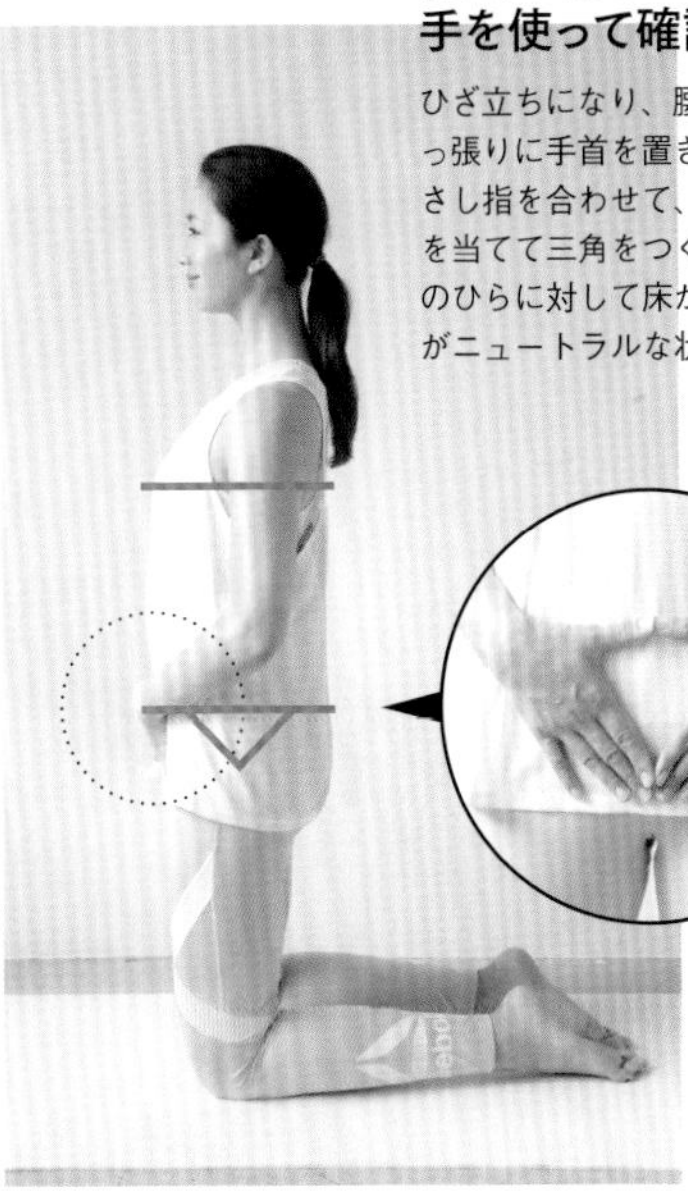

**骨盤の傾きは手を使って確認**

ひざ立ちになり、腰の左右の出っ張りに手首を置き、親指と人さし指を合わせて、おなかに手を当てて三角をつくります。手のひらに対して床が垂直のときがニュートラルな状態。

## 3 股関節がかたく、動きが悪い

体を車に例えると、股関節は体を前に進めるエンジンにあたります。この関節は、脚のつけ根にある球体状の関節で、前後左右に脚を振ったり、ぐるぐる回すなど多彩な動きができるのが特徴です（左の図参照）。メインとなる仕事は、骨盤と脚の骨をつなげるお尻の筋肉を動かすこと。そのため英語では「ヒップジョイント」と呼ばれています。

股関節は、お尻だけでなく、太ももの筋肉ともつながっています。太ももの筋肉には、お尻の補助的な役割がありますが、股関節の動きが悪いと、お尻が使われず、代わりに太ももを主導で使ってしまうため、筋肉が発達し、脚が太くなる原因になります。とくに長時間のデスクワークや立ち仕事などで股関節を動かさずにいると、お尻の筋肉がかたくなり、柔軟性が失われてしまうのです。

また、股関節の動きが悪く、太ももを使いすぎると筋肉はかたくなります。こうして裏ももの筋肉がかたくなると、骨盤が後ろに引っ張られて後ろに傾き、お尻が垂れてしまうのです。また、前ももがかたいと骨盤が前に引っ張られるため反り腰になり、体重が前ももにのりやすくなって、脚が太くなることに。

いずれも骨盤が不安定になるため、おなかに力が入りづらくなり、これがぽっこりおなかの原因になります。

このように股関節の柔軟性は、お尻の筋肉の動きや、骨盤の安定のキモになるのです。逆に股関節の可動域が十分で骨盤が正しいポジションにあれば、太ももの筋肉の仕事が減り、代わりに股関節から背骨までをつなぐインナーマッスルの「大腰筋《だいようきん》」という筋肉が働くように。正しい姿勢の維持と、ぽっこりおなかの改善、そしてヒップアップに貢献してくれるようになります。

**股関節がかたいと**
**運動量が減ってしまう**

股関節はグルグル回る球体の関節。脚やお尻の筋肉の動きに関わるため、周囲の筋肉がかたいとバランスが崩れて運動量が減少。お尻が垂れたり、太ももが張ってしまうことに。

さらに詳しくわかる！
森講座

**「脚の振り出しと**
**脚が太くなる関係」**

お尻の動きと、脚の振り出しに関わる股関節。股関節の動きと、脚が太くなる関係について、映像で特別解説！

**動画をチェック!**

# 4 ひざ・足首などの関節にねじれがある

まっすぐ立ったとき、あなたの脚はどんな状態ですか？　ひざとくるぶしはついていますか？　ひざ、足首、足の人さし指は、まっすぐ前を向いていますか？　足の指先やひざが外側や内側に向いていたら、それは関節にねじれが生じている証拠。こうした脚の悩みは「Ｏ脚」「ＸＯ脚」「Ｘ脚」に分類されます。いずれのタイプも太ももの前側や外側が張っているのが特徴。歩けば歩くほど使い慣れた筋肉ばかりが発達して、脚が太くなることに。しかし、逆にいえば関節のねじれが取れると、レッグラインがすっきりしてきます。

**もも・ひざ・くるぶしがつくのが理想の状態**

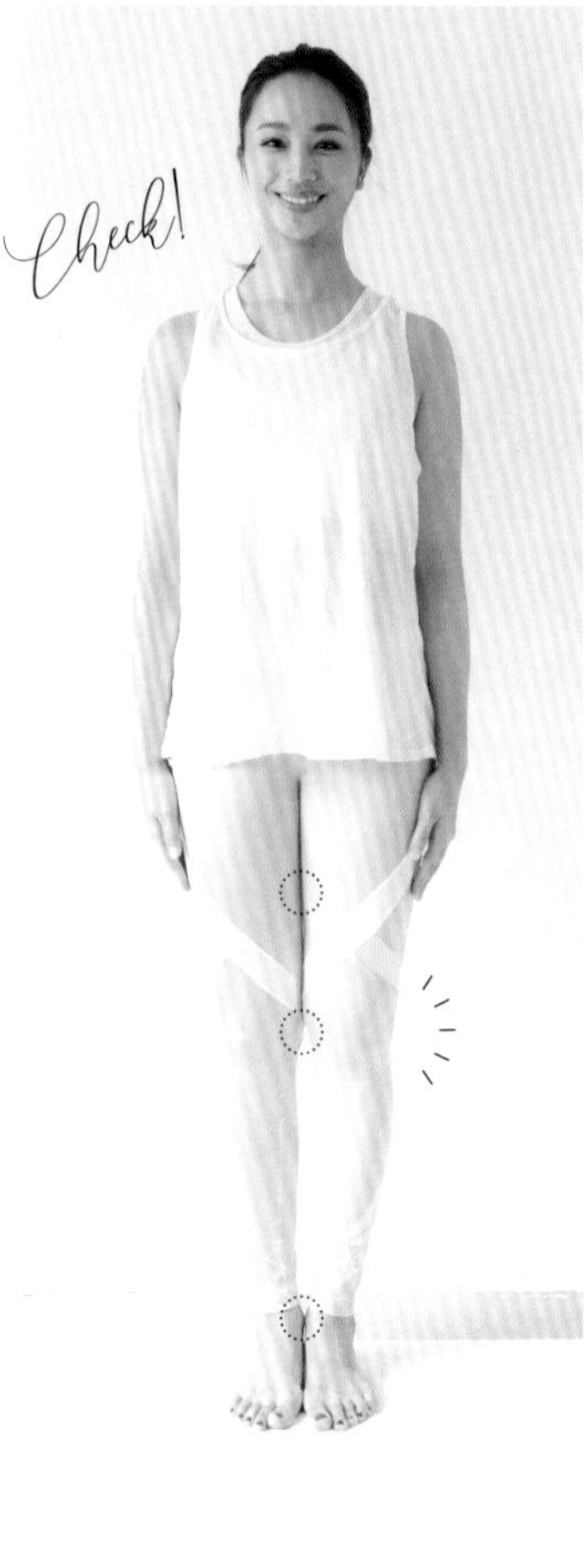

## 「Ｏ脚」外ももやお尻が横に広がり、張ってしまう

Ｏ脚とは、足を揃えて立ったときに、ひざの間がくっつかない状態のことをいいます。Ｏ脚は、先天的な骨の変形がない限り、股関節、ひざ、足首などの関節のねじれが原因です。

Ｏ脚の人は「自分はガニ股だ」と思っている人も少なくないですが、アンバランスな姿勢で起こる後天的なＯ脚は、実は内股の状態。内股だと股関節が内側にねじれ、太ももやふくらはぎが外側に広がります。そのため、Ｏ脚のままでいると、お尻と太もも、ふくらはぎの外側が太くなってしまいます。

股関節周りの筋肉の柔軟性が悪く、お尻の筋肉が弱いのもＯ脚の人の特徴です。お尻の仕事を太ももが代わりに行うため、筋肉が発達し、たくましい脚に。改善するためにはストレッチ、筋トレだけでなく、まず歩き方を根本的に直す必要があります。

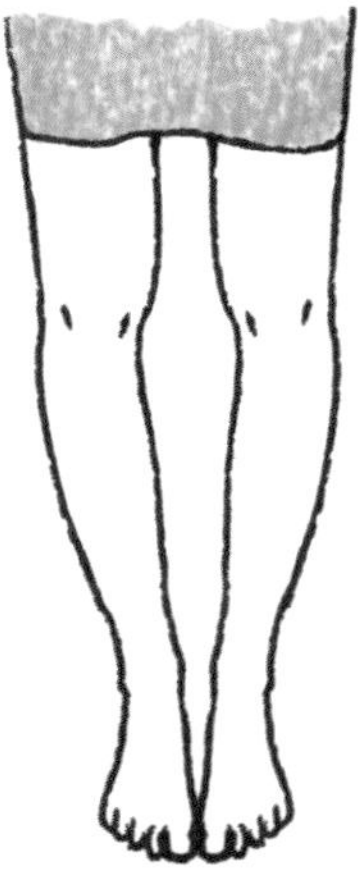

## ［ＸＯ脚］太ももが外と前に張り出してしまう

ＸＯ脚とは、足を揃えて立ったときに、ひざと足元はくっつくけれど、すねとくるぶしの間が離れてしまっている状態、あるいはすねの骨が大きく湾曲《わんきょく》して間が開いてしまって、すねの外側が大きく張り出している状態です。「ひざ下Ｏ脚」ともいわれ、実は日本人に一番多いタイプです。また、脚に肉が多くついているために、くるぶしやすねがくっつく場合もあるので、脚の太さが気になる人は、ある意味「隠れＸＯ脚」ともいえます。

ＸＯ脚は、Ｏ脚よりもひざ下が外側に強くねじれてしまっているのが原因。スクワットをすると、ひざが内側に入ってしまう人はＸＯ脚が多いです。

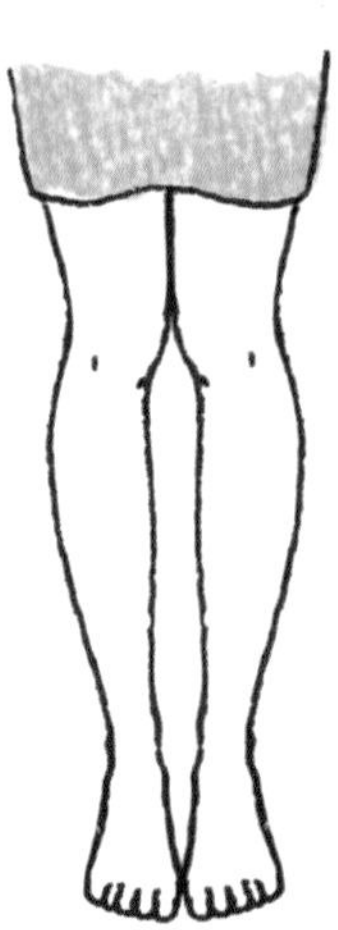

取り入れたい改善策は、Ｏ脚とほぼ同じ。股関節、ひざ、足首が正しく機能していないので、正しい歩き方を習得するために、今回紹介するストレッチや筋トレで矯正していきましょう。

## ［Ｘ脚］前ももがせり出してパンパンに

足を揃えようとすると、ひざがぶつかって足元がくっつけられない状態をＸ脚といいます。Ｘ脚は、先天的な骨の変形が原因であることが多く、日本人には比較的少ないタイプです。

見た目の特徴からすると、Ｏ脚と逆のことが起こっていると思われがちですが、実は原因はＯ脚やＸＯ脚と同じ。股関節は内側に、ひざ下は外側にねじれている状態です。原因は同じなのに、なぜ、Ｘ脚のようになるのかというと、もともとの骨の形状により、Ｏ脚は脚が外に離れていくのに対し、Ｘ脚は脚が前にせり出すから。そのためＸ脚の人は、前ももの張りが強く出やすいのが特徴です。

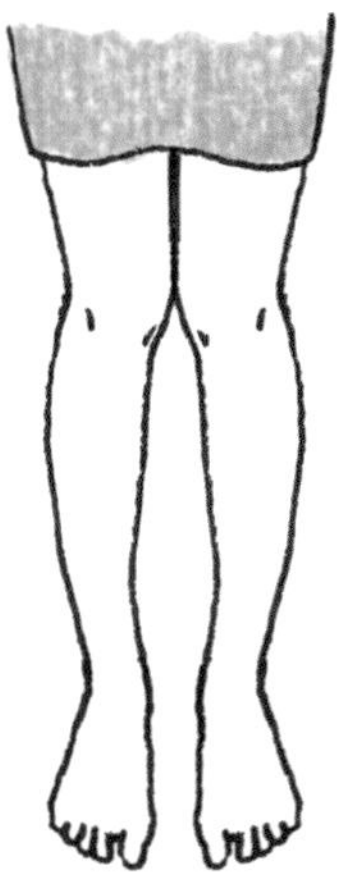

Ｘ脚は、Ｏ脚やＸＯ脚よりもねじれが強いため、完全な改善は難しいのですが、この本にあるストレッチや筋トレが有効です。あきらめずにケアしていきましょう。

## 5 体の重心移動がスムーズにできていない

床を踏みしめるように下へ下へと重心を落とし、ドスドス歩いていませんか？　そのような歩き方では脚に負担がかかり、太ももやふくらはぎがパンパンに張ってしまうのはいうまでもありません。このような歩き方になってしまうのは大抵、重心移動がうまくできていないことが原因です。

正しい重心移動とは、上半身では姿勢、下半身では足裏がカギを握ります。足裏については次のページで解説しますが、上半身については、重心を上に引き上げるように背すじをまっすぐ伸ばし、みぞおちあたりを正面に向け、おへその下を押し出すイメージで、骨盤から前に進むようにすること。こうすると自然な重心移動になるのです。

ウォーキングは脚だけを使うのではなく、全身の筋肉を総動員する全身運動です。地面からの衝撃を和らげる足裏、それを上に逃がす背骨、背骨を安定させる骨盤を支える筋肉、そして下半身の動きを制御する腕の振り……。これらの動きと脚の振りが自然に連動できるようになれば重心は下がらず、脚だけに頼らずに歩けるようになるのです。

# 6 足裏・足指が正しく機能していない

やせウォークを左右する、小さいながらも、大きな役割を果たす部分があります。それが足裏や足指です。足首から下は26個の骨の集合体でできていて、それぞれは小さいですが、ビルでいえば土台を支える基盤のようなもの。この部分が機能しないと、歩いているときに体のあらゆる部分に不具合が生じます。

まず足裏の役割について、説明しましょう。足裏は、「土踏まず」といわれる3つのアーチで構成されています。具体的には、親指のつけ根の拇指球《ぼしきゅう》から小指のつけ根の小指球《しょうしきゅう》にわたる「横のアーチ」と、小指球からかかとをつなぐ「外側のアーチ」、そして拇指球からかかとをつなぐ「内側のアーチ」です(P.33図参照)。これらの3つのカーブをつなぐと、ちょうど逆三角形のくぼみができますよね。歩いて着地した際、脚には体重の1・2倍以上の衝撃がかかります。この衝撃を受けるクッションになり、足首やひざ関節への負担を減らしてくれるのが、逆三角形のアーチなのです。

そんな大切な足裏のアーチをつくるのが、もうひとつの重要なパーツ、足指です。足指がしっかり動けば、それに伴い足裏のアーチが育っていきます。ところが窮屈な靴を長時間履いていたり、運動不足が続くと、足指が使われず、やがてアーチがつぶれてしまいます。

足裏のアーチは「土踏まず」とも呼ばれるため、足の内側を連想しがちですが、実は足裏のアーチで真っ先に重要視してほしいのが外側のアーチです。

なぜなら足に体重をのせたとき、外側のアーチが、ひざと股関節を安定させて、お尻の筋肉を働かせるから。つまり着地した地面の足と体幹までをつなげる役割を外側のアーチが担っているのです。そのあとは横のアーチを通って、親指のつけ根の「拇指球」へと重心を移動することで、脚がまっすぐ体を運んでいってくれます。この一連の流れが正しく機能すると、お尻の筋肉で体を支えることができるので、骨盤は安定し、太ももへの負担は最小限になります。

しかし、外側のアーチが働かないと、ショートカットをして斜めに重心が移動します（P.33ＮＧの図参照）。すると横と内側のアーチがつぶれ、それに伴いひざが内側に倒れ、お尻よりも太ももの筋肉を使いすぎてしまいます。さらに、拇指球だけに体重がかかりすぎてしまうと、タコや外反母趾の原因にも。体を安定させて歩くには、足裏のアーチや足指が大切。正しく機能させるためにも足裏の筋肉や足指にも注目していきましょう。

## 足裏には3つのアーチがある

足裏には、親指から小指にわたる「横のアーチ」、小指からかかとをつなぐ「外側のアーチ」、そして親指からかかとをつなぐ「内側のアーチ」があります。

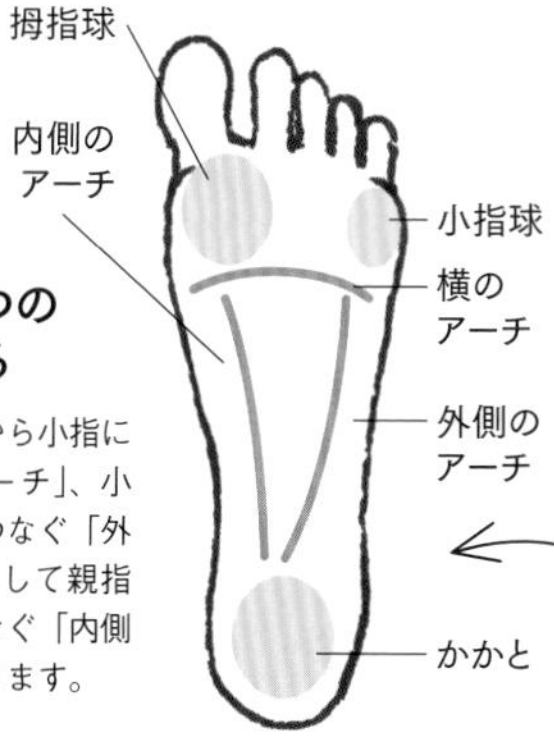


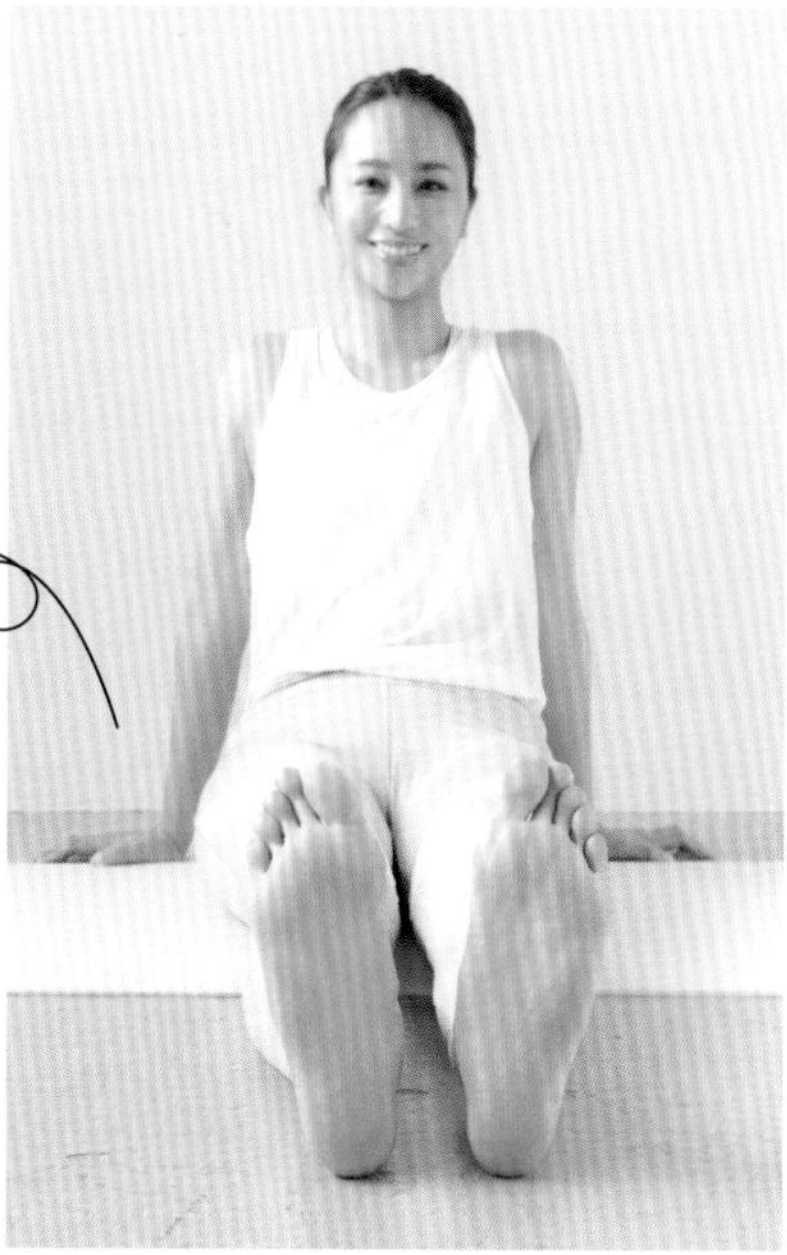

## 外側のアーチがつぶれた足

足裏を床につけたとき、小指の側面の肉が横にはみ出ていたら、外側のアーチがつぶれている証拠。

## 足裏の重心移動のイメージ

かかとの中央、やや外側から足をつき、外側のアーチ→横のアーチを経て、親指側に抜けます。P.36〜の歩き方と合わせて確認してみましょう。

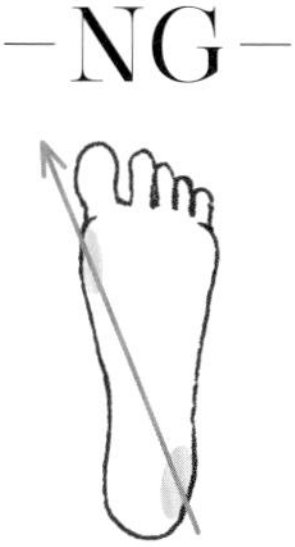


かかとから、拇指球へショートカットで抜けると、拇指球に負担がかかってしまいます。

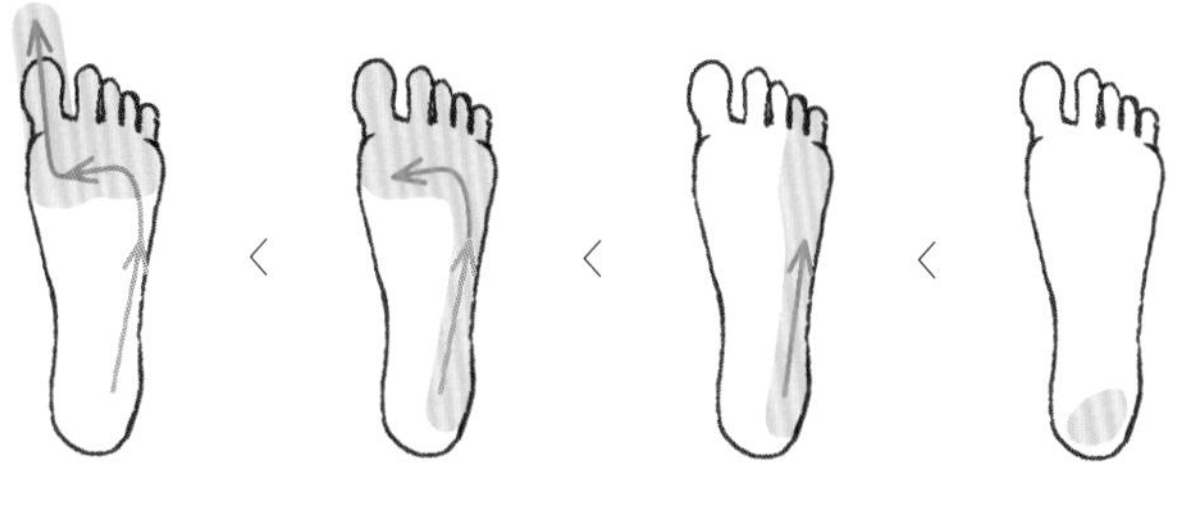

### 「拇指球」から抜ける

最後は、足の親指のつけ根の拇指球でしっかり地面を押し出すようにします。

### 横のアーチに重心移動

小指球から、拇指球に重心移動。横のアーチがあればこれもスムーズに。

### 外側のアーチに重心移動

かかとから外側のアーチがある、小指球に重心移動。アーチがあればスムーズです。

### かかとのやや外側で着地

かかとの骨部分ではなく、かかとの中央、やや外側の位置で着地します。

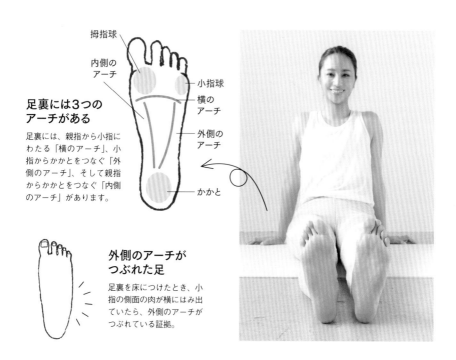

# 「やせウォーク」とは？

やせウォークとは、これまでに解説してきた、悪いクセのない「正しい歩き方」のこと。

ウォーキングは脚から前に進むイメージがあると思いますが、骨盤を前に押し出すようにして体を進め、その骨盤に脚がついていく形が、基本となる歩き方です。

そのほかにも、足裏のアーチや足指を使って重心移動をしたり、脚だけでなくお尻の筋肉を使ったりと、気をつけてほしい点があります。そのポイントが以下の7つです。次の章からの4週間プログラムで「やせウォーク」の歩き方が身につきますが、今日からでもこのポイントを心にとめて、歩き方の意識を変えていきましょう！

## やせウォークのポイント

**1**
骨盤から前に出すイメージで進む

**2**
背すじをまっすぐ伸ばして歩く

**3**
腕は大きく振らない

**4**
お尻の筋肉を主導で使う

**5**
歩幅は大きくしない

**6**
つま先・ひざは前を向けるよう意識

**7**
足裏のアーチや足指を使って重心移動をする

## やせウォークのメリット

おなかがへこむ!

ヒップアップする

ふくらはぎが
引き締まる

前ももや外ももの
外張りが減る

スラリとした
レッグラインに

姿勢がよくなる

ボディラインが
美しくなる

歩いても
疲れにくくなる

# やせウォークの基本を確認！

「やせウォーク」の基本の動きを解説します。体全体の動きだけでなく、ひざ下の前後の写真や、足裏の重心移動の図で、細部まで確認してみましょう。この歩き方をマスターすれば、毎日のウォーキングがボディメイクにグレードアップ！スピードアップすると、やせ効果がより高まります。

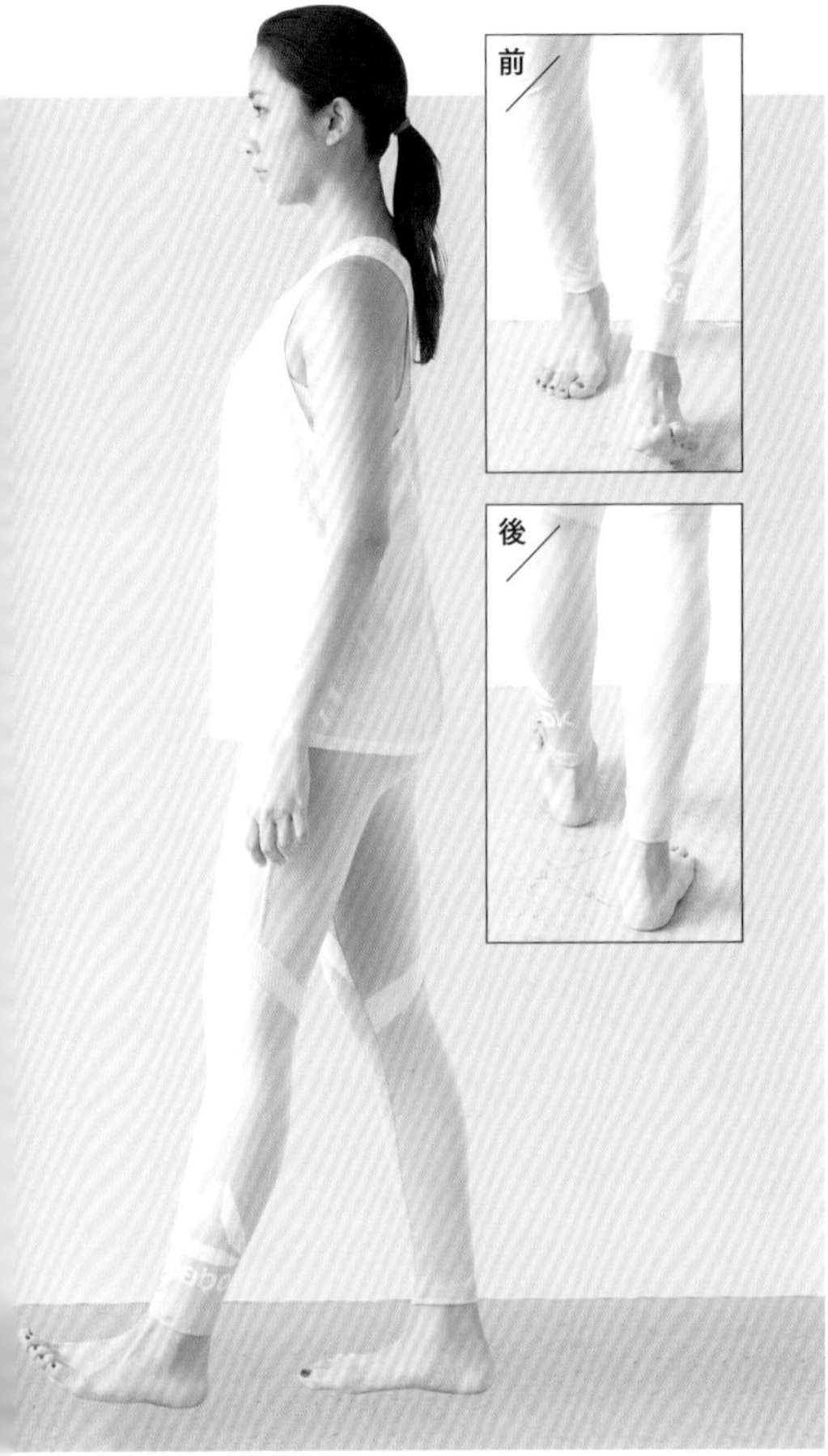


## 1 骨盤を前に押し出し左足を着地させる

脚は骨盤の動きについていくので、骨盤から前に出すイメージで進みましょう。左足は、つま先を上げすぎず、かかとのやや外側で着地。ひざとつま先は正面を向けましょう。

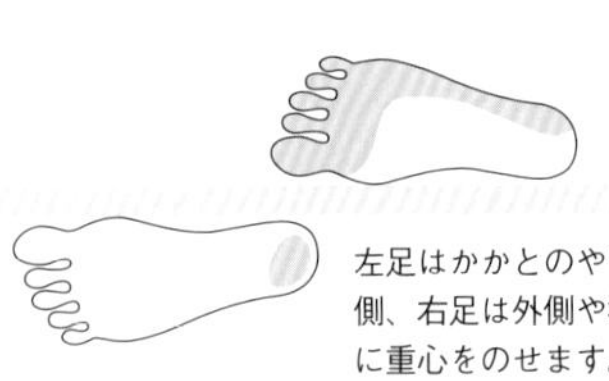

右足の重心移動

左足の重心移動

左足はかかとのやや外側、右足は外側や指先に重心をのせます。

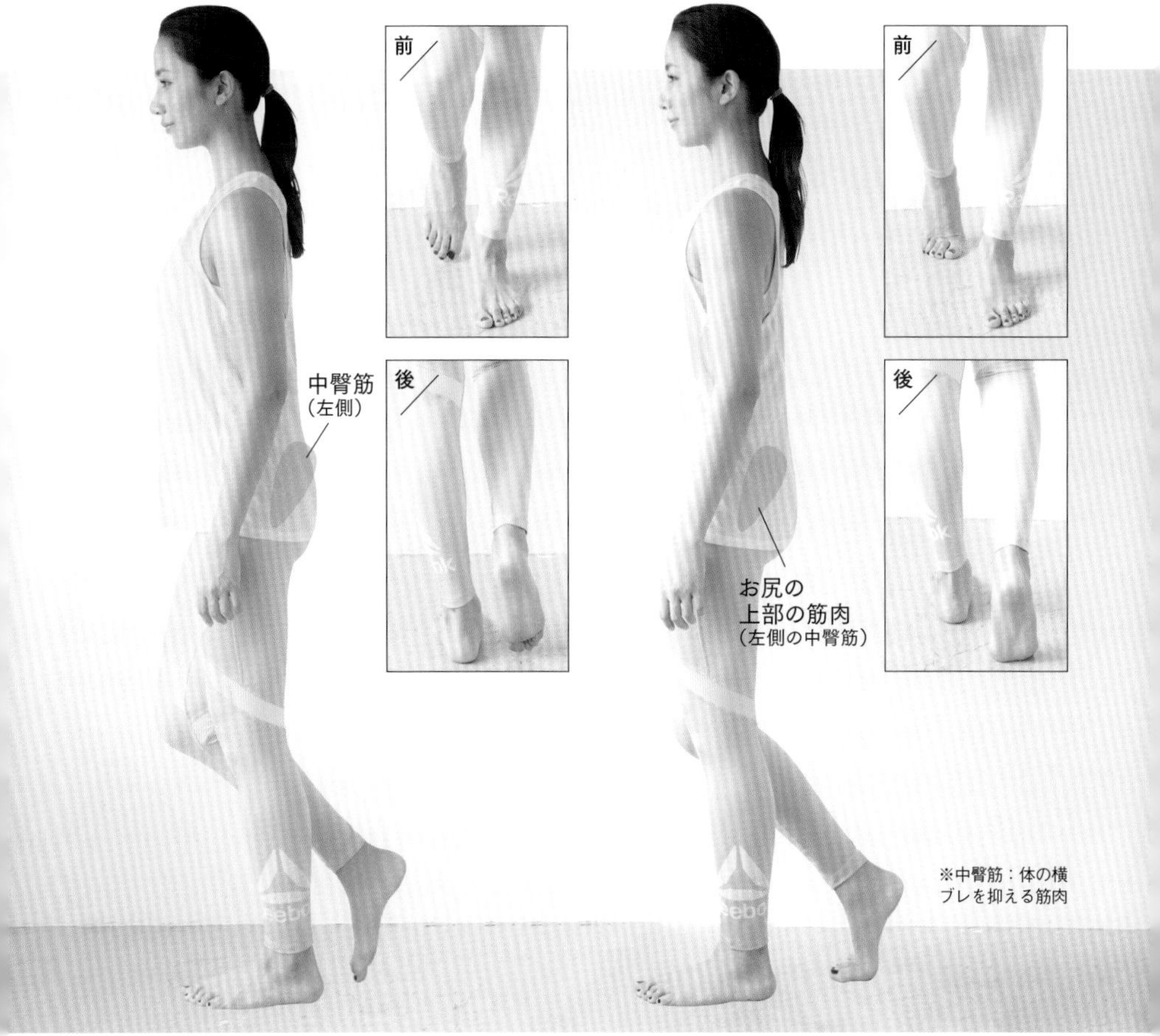


## 2 重心を左足に移動し 体を前に進める

着地した左足は、外側のアーチに体重を移動し、お尻の中臀筋に体重をのせます。後ろにある右足は、親指でまっすぐ地面を押すようにし、骨盤の右側を前に押し出しすようにして進めます。

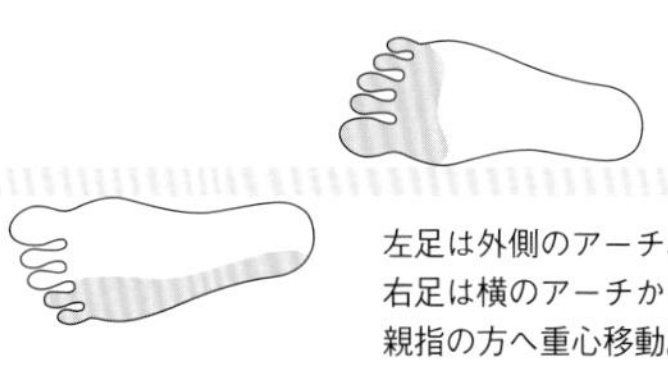

左足は外側のアーチ、
右足は横のアーチから
親指の方へ重心移動。

## 3 左足に重心をのせ 片脚立ちになる

親指の力を抜かずに、右足をまっすぐ後ろに蹴り出します。つま先が外を向かないよう真下に向けましょう。片脚立ちになりますが、中臀筋が働いていると体幹がブレません。

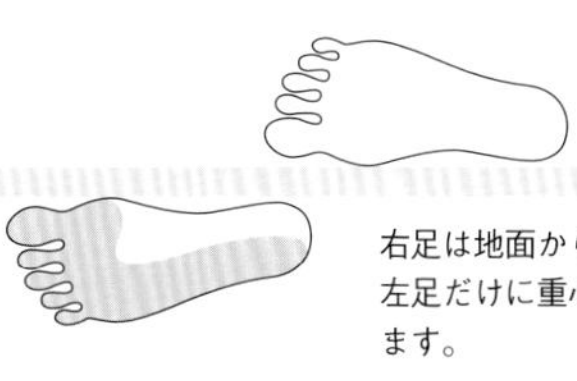

右足は地面から離れて、
左足だけに重心をのせ
ます。

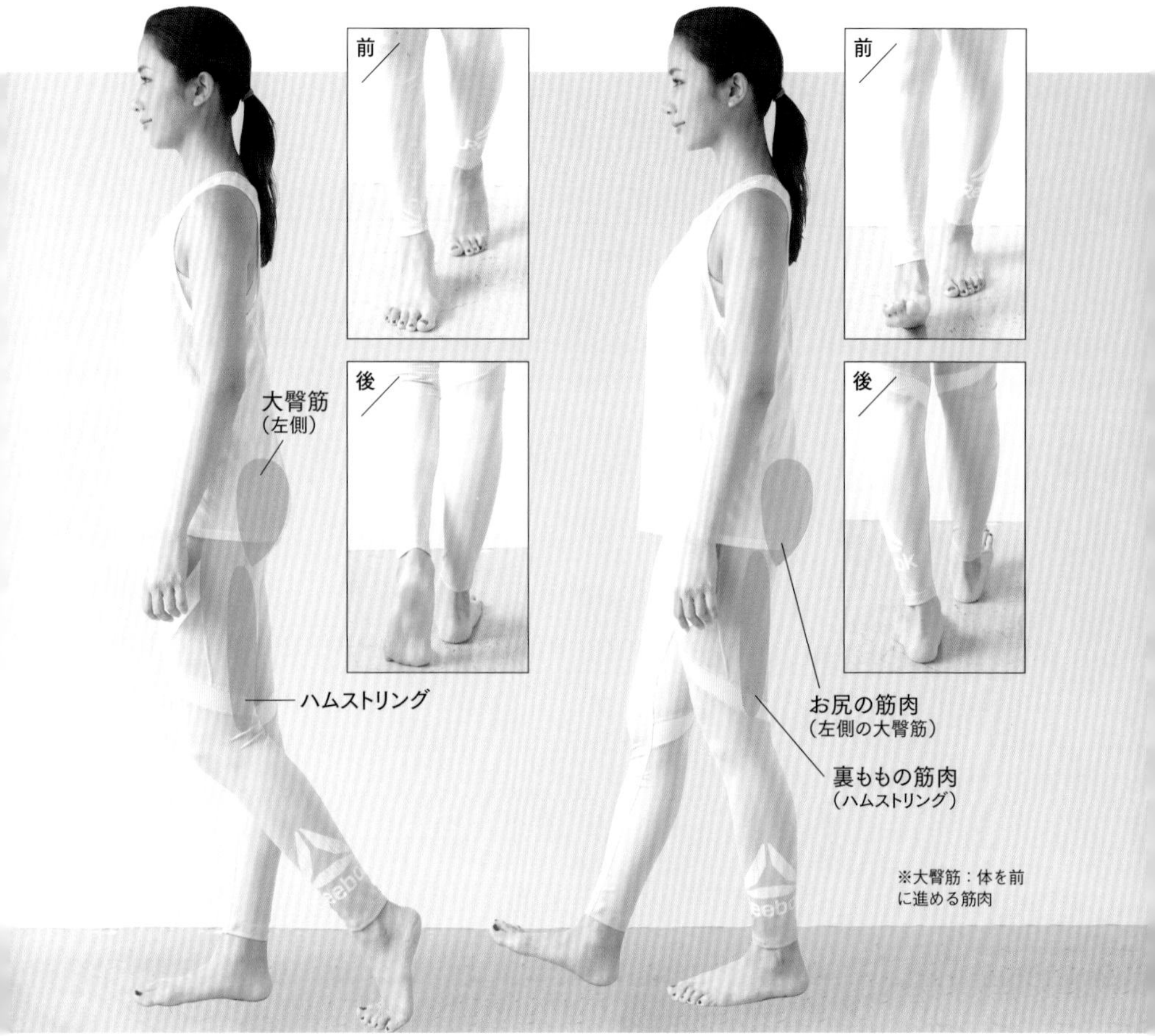


## 4 骨盤を前に押し出し右足を着地させる

お尻の大臀筋や裏ももを使って左足を後ろに送り、骨盤を前に出すイメージで進みます。骨盤についていく形で右足を着地。つま先を上げすぎず、ひざとつま先は同じ方向に。

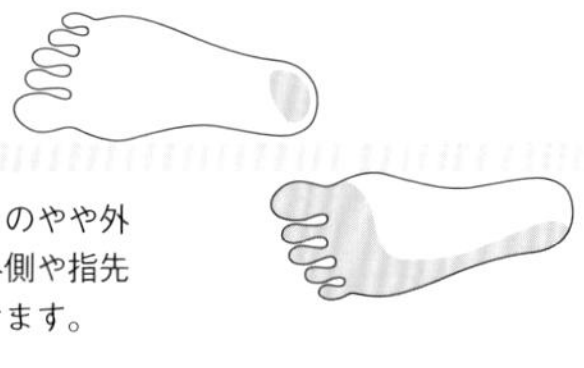

右足はかかとのやや外側、左足は外側や指先に重心をのせます。

## 5 重心を右足に移動し体を前に進める

右足に体重を移動し、かかとから足裏の外側あたりに体重を移動。後ろにある左足は、親指のつけ根あたりに力を入れ、地面を押すようにし、大臀筋を使って体を前に進めます。

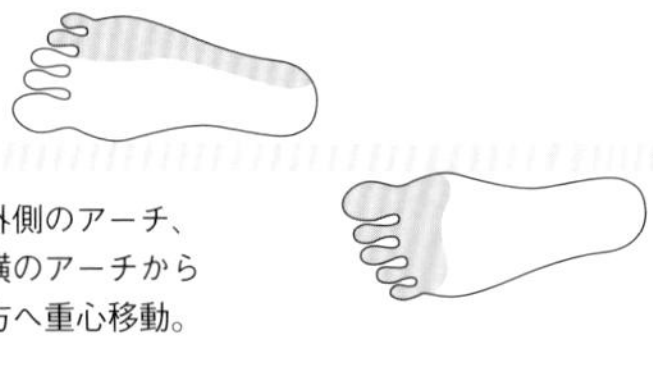

右足は外側のアーチ、左足は横のアーチから親指の方へ重心移動。

## CHECK!

「正しい歩行」のポイントを
ひとつずつチェック
してみましょう。

- □ 骨盤を前に出すような
気持ちで体を前進させる
- □ お尻や裏ももの筋肉を
しっかり使う
- □ 足裏の重心移動は、かかと
→足裏外側→親指を意識
- □ つま先とひざは常に
正面へ向けるイメージで
- □ 蹴り出す足の親指は
外側に行かないよう
真下に向ける

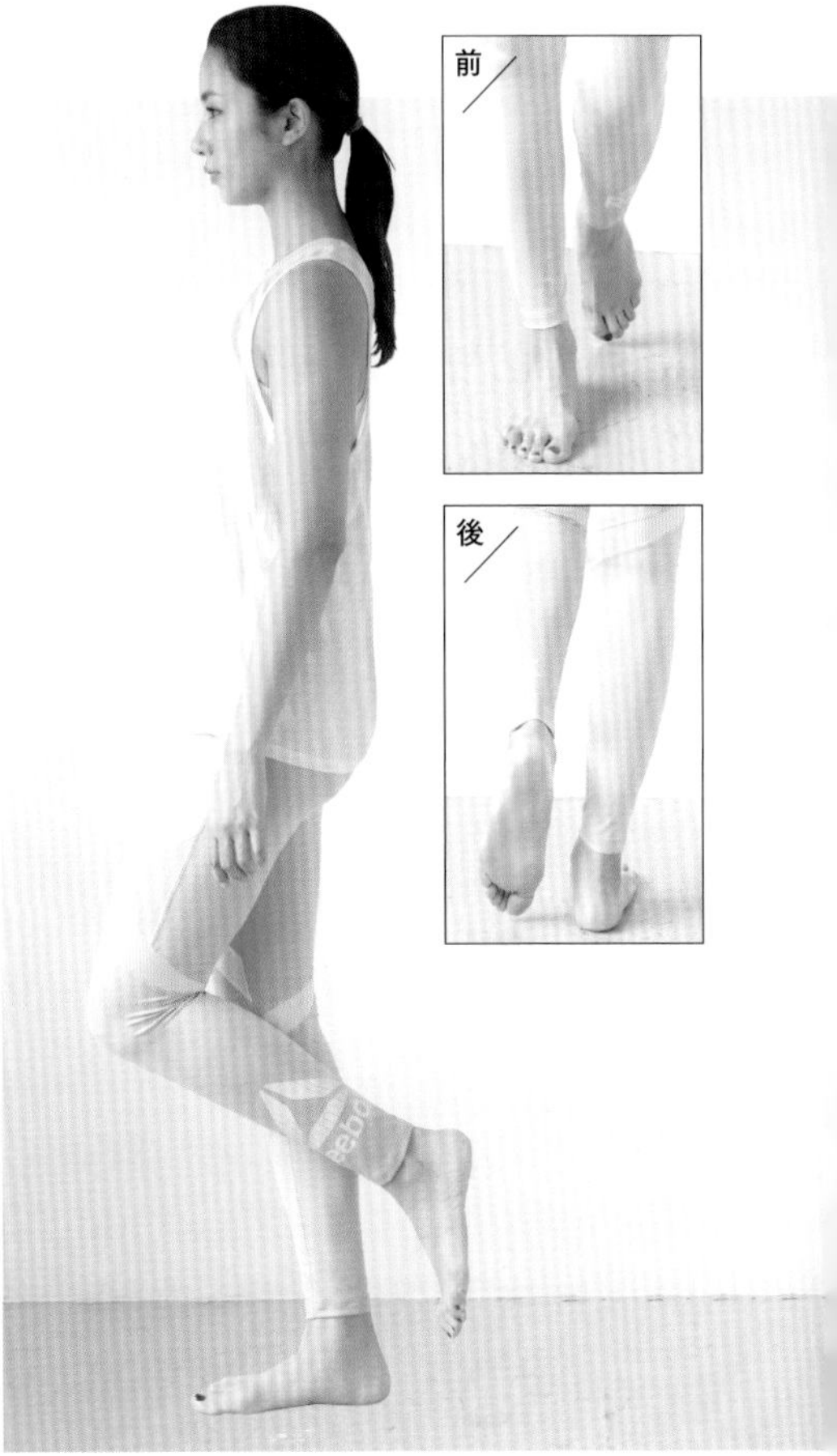


## 6 右足に重心をのせ片脚立ちになる

親指の力を抜かずに、左足をまっすぐ後ろに蹴り出します。つま先が外を向かないよう真下に向けましょう。片脚立ちになりますが、中臀筋が働いていると体幹がブレません。

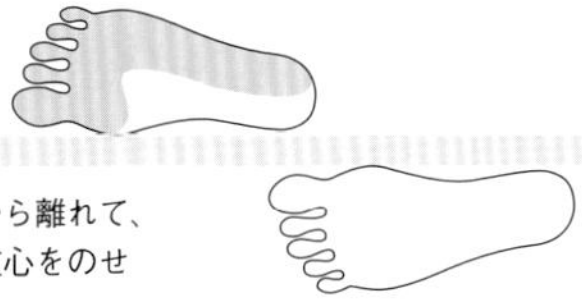

左足は地面から離れて、右足だけに重心をのせます。

さらに詳しくわかる！
森講座

### 「正しい歩き方」

正しい歩き方を動画で確認しましょう。確認後、自分の歩行を撮影して正しい歩行と比べると、歩きグセがわかります。

動画を
チェック!

# “隙間時間にできるウォーキングは、私にとって最高のボディメイキング”

——高橋メアリージュン

歩くのが好きで、隙間時間を見つけて私もこまめにウォーキングしています。仕事のときはハイヒールを履くことが多いけど、普段はもっぱらスニーカー。だから思い立ったらすぐに歩けるんですよね。1〜2駅くらい離れた場所なら電車に乗らず、平気で歩きます。友達と話しながら、ときには一人で。朝活でウォーキングをすることもありますよ。携帯についている歩数計で歩数もチェック！　ドラマの仕事に入ると、なかなか難しいけれど、一日1万歩を目標にしています。

ウォーキングっていいですよね。周りから「やせた？」と聞かれるのは、だいたいたくさん歩いているとき。血行もよくなって、むくみが取れるんですよ。私にとって、隙間時間にできるウォーキングは、最高のボディメイク法です。

それに歩き方がきれいだと、スタイルがよく、美しく見えます。逆に歩き方が悪いと、どんな人でも美しく見えないからもったいない。歩き方ひとつで印象や体が変わる、そんな意識をもって、これからもウォーキングを楽しみたいと思います。

Maryjun Takahashi walking column

Chapter 2

# 今までの歩きグセを変える！
# やせウォーク 4週間プログラム

///

さあ、やせウォークを手に入れるトレーニングを
始めましょう。悪い歩きグセが強かった人ほど1週目から
脚運びがラクになり、続けるほどにおなかやレッグラインが
すっきりするなどのうれしい変化が！
たった４週間で一生ものの「やせウォーク」が身につきます！

# 4週間で「正しい歩行」に近づけて理想のボディラインを手に入れる！

「やせウォーク」はクセのない「正しい歩行」のことです。これを聞いて「なーんだ」とがっかりした人もいるのではないでしょうか？　けれども、その「正しい歩行」ができていない人がとても多いのです。子どもの頃は大きな問題がない限り、誰もが正しく歩けますが、大人になるにつれ、生活習慣などの影響で悪い歩きグセが身につき、脚（足）にコンプレックスを抱えます。つまり太ももの外張りやO脚などの悩みは、長年の悪いクセによる「結果」にすぎないのです。

　ここから始まるトレーニングは、長年の悪いクセを矯正しながら、正しく歩ける筋肉を鍛える4週間プログラム。やせウォークで重要となる筋肉へ集中的にアプローチすることで、脚だけでなく全身のボディバランスを整えていきます。

　さらに週終わりに行う「ウォークチェック」では、正しいやせウォークに近づいているかの確認ができるので、より確実な手応えを実感できると思います。早い人では1週目から脚やおなかがすっきりするなどボディラインに変化が出るはず。4週間で長年のクセを捨て、理想のボディを手に入れましょう！

# やせウォークプログラム

トレーニング」で構成されています。ベーシックのストレッチのあとに、
につき、へこんだおなか、スラリとした脚、引き締まったヒップが手に入ります！

## Basic

スペシャルトレーニングの前に、毎日行うストレッチです。
やせウォークの妨げになる筋肉のこりをほぐします。

Basic 1

### 股関節のストレッチ

P.50

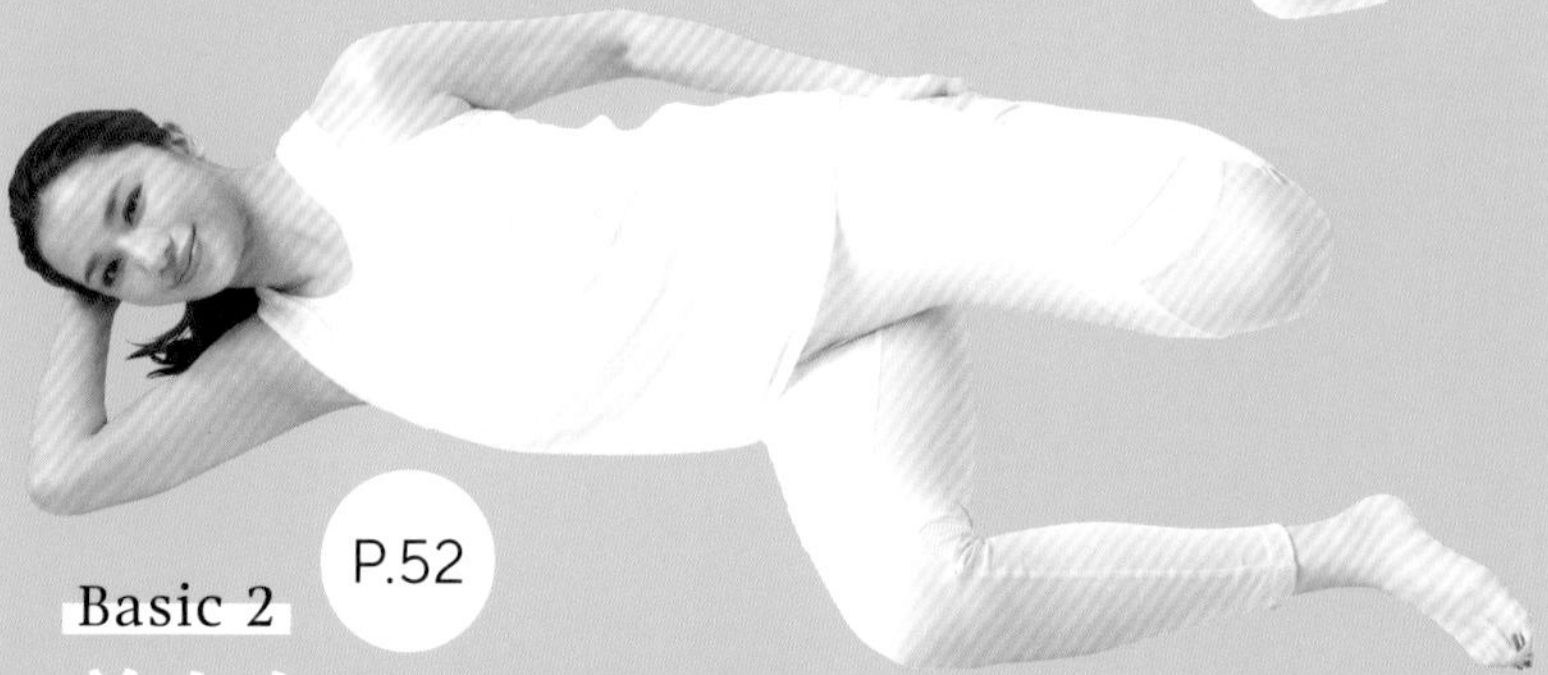

P.52

Basic 2

### 前もものストレッチ

# 歩き方を変えるための4週間

やせウォークプログラムは、毎日行う2つの「ベーシック」と、週替わりの4つの「スペシャル
スペシャルトレーニングを行うことで、悪い歩きグセを改善。４週間でやせウォークが身

## Special training

ベーシックのあとに行う週替わりのトレーニングです。
目的別なので、効率よくやせウォークが身につきます。

P.54

1st week

### クセをゆるめる

P.66

2nd week

### 安定性を高める

P.78

3rd week

### 正しい動きを記憶させる

P.90

4th week

### 正しいフォームを崩さない体になる

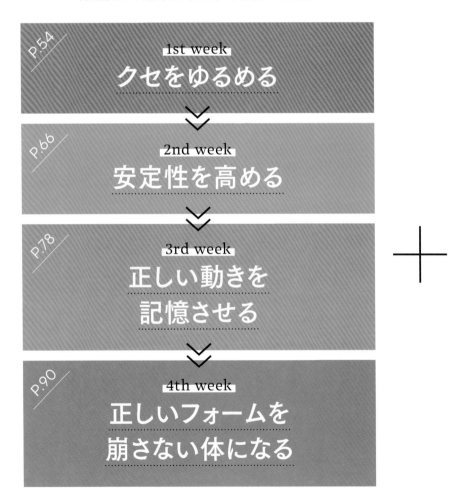

# 毎日取り入れるべき
# ベーシックストレッチ

週替わりのスペシャルトレーニングの前に必ず行ってほしいストレッチです。

悪い歩きグセを引き起こす元凶となっている、股関節のかたさと前ももの張りをストレッチでやわらげることで、トレーニングの効果を存分に引き出します。

## Basic 1
## 股関節のストレッチで可動域を広げる

脚の振り出しに欠かせない股関節は「やせウォーク」の要の関節です。股関節がかたくなると推進力となるお尻が動かず、脚の力だけで歩こうとしたり、脚がまっすぐ振り出せなかったりして、太ももに負荷がかかってしまいます。ストレッチで股関節の柔軟性を高めて、お尻の力を使って、まっすぐ歩けるようにしていきましょう。

## Basic 2
## 前もものストレッチで筋肉の張りを取る

股関節の次にストレッチしたいのが、前ももです。股関節がかたい人は、お尻を使って歩けていないのですが、そのため前ももに大きな負担がかかります。ここの筋肉が発達してしまうと、脚の筋肉を頼りに歩こうとするため、前ももばかりがたくましくなる悪循環に。ここをよく伸ばすことで、前ももの張りが取れやすくなります。

悪い歩きグセの元凶となる部分を
ストレッチで徹底的に「正す」

Basic_1

# 毎日行う 股関節のストレッチ

## 1 床に座り 右ひざに左脚をかける

両ひざを軽く曲げて床に座り、両手を体の後ろについたら、左足を右ひざの上あたりに引っかけるようにします。

動画をチェック！ ＜

左右各
30〜
60秒

## 2 左脚を抱え込み 股関節を伸ばす

左脚を抱えて、股関節を伸ばし、左ももの前とおなかがくっつくように、ひざを引き寄せます。お尻やももの奥が伸びているのを感じながら、息を止めずにこの姿勢を30〜60秒キープ。伸びが足りない場合は、左脚を引きつけ、脚全体を体側に引き寄せます。

*Point*

背中は丸めずに伸ばし、骨盤を前に起こすようにすると効果的。抱えているひざは、できるだけ外側に向けるようにしましょう。

Basic_2

# 毎日行う 前もものストレッチ

## 1 床に横に寝そべり右ひざを曲げる

床に体の右側を下にしてまっすぐ寝そべり、右脚を前に出し、ひざを90度に曲げます。右腕はひじを曲げて頭の下に、左腕は体側に置きましょう。

動画をチェック！＜

## 2 左ひざを曲げ つま先を持つ

前に出した脚とは反対の左ひざを体の後ろに曲げ、左手でつま先を持ったら、左足のかかとをお尻に近づけて、前ももをストレッチ。このとき、息を止めないように注意。この姿勢を30〜60秒キープします。

左右各 30〜60秒

*Point*

かかとをお尻に近づけるとき、腰が反らないように注意。このとき、腰を丸めて下腹部に力が入るようにして行います。

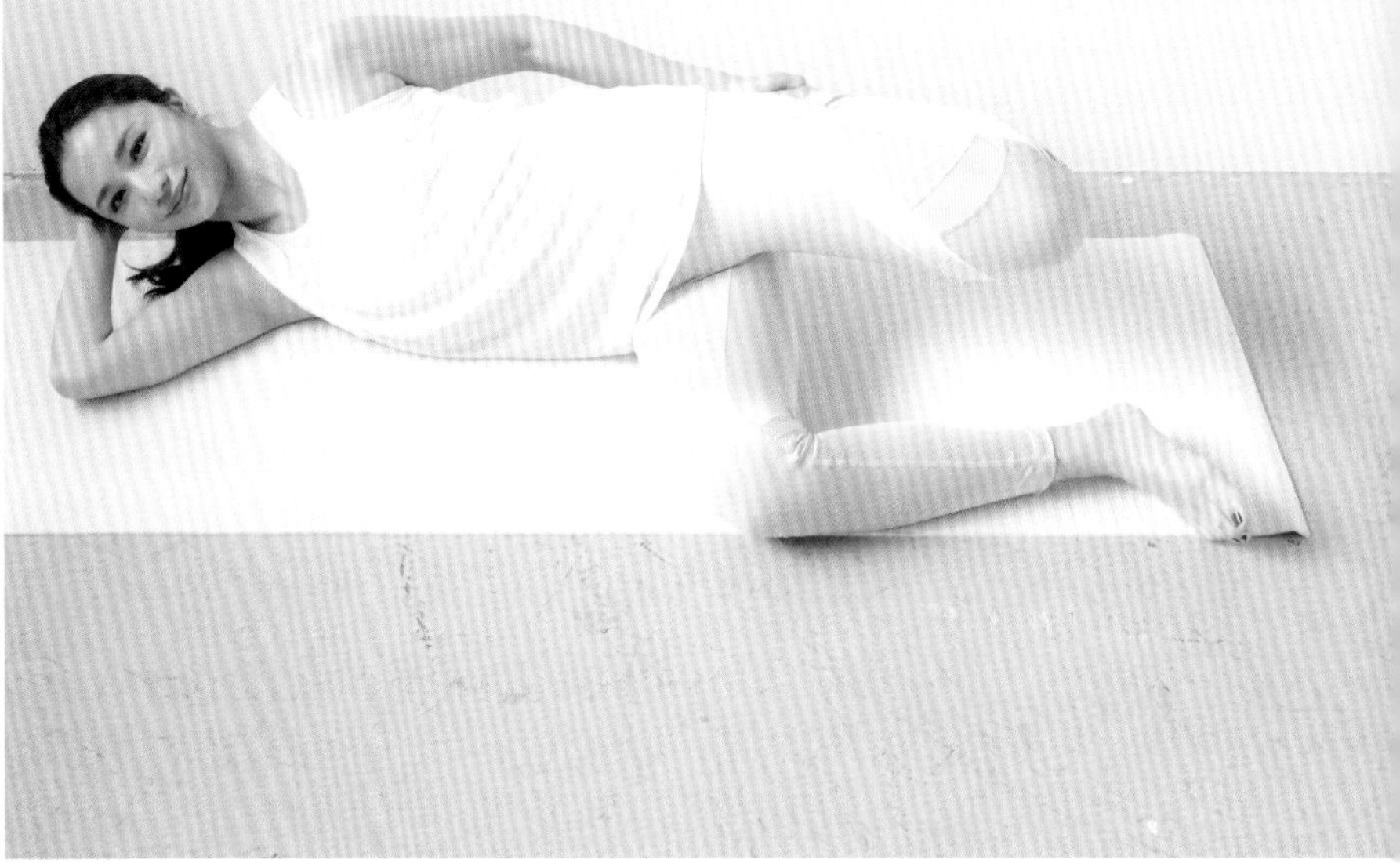

# 1st week menu

## クセをゆるめる

1週目は、長年の歩きグセを手放す重要なトレーニングが集中しています。いわば悪いクセで固まった体の「土台崩し」。ベーシック1と2のストレッチで股関節と太ももを伸ばしたら、普段あまり使わない裏ももの筋肉を目覚めさせ、同時にひざや足首のねじれを矯正します。さらに反復練習で骨盤や足の親指に正しい動きを覚え込ませて、重心移動のクセを改善。正しい脚運びの基礎をつくります。クセが強かった人ほどトレーニングがきつく感じられますが、1週間も続けると脚の可動域が広がり、おなかや脚が引き締まってくるのを感じるはずです。

Basic 1

**股関節**の
ストレッチ

》P.50

Basic 2

**前もも**の
ストレッチ

》P.52

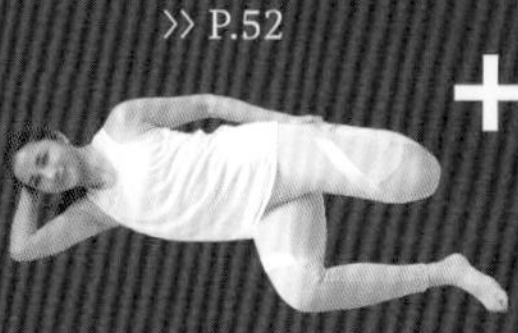

＋

Special training

**裏ももをやわらかく**する

**ひざ下のねじれ**を取る

**重心移動の方向**を正す

**脚運びの移動**を正す

# クセをなくせば 歩いてやせる体に変わる

# 裏ももをやわらかくする

## 1

### イスに浅めに腰かける

イスに浅めに腰かけ、背すじを伸ばします。骨盤あたりに両手を置き、左脚を前に出しましょう。このとき、ひざは軽く曲がっていてもOKです。

動画をチェック！＜

歩けば歩くほど前ももがたくましくなる人は、前ももばかり使って歩いているため、反対側にある裏もも～お尻を十分に使えていません。筋肉がかたくなっているので、ストレッチで伸ばしましょう。柔軟性を高めることで、前ももへの負担を減らすことができます。

左右各
30～60秒

Point
おへそが地面を向くように骨盤を前へ倒します。大きく倒れると背中が丸まりやすくなるので、骨盤だけを倒すよう意識しましょう。

## 2
## 腰を反り、骨盤から上体を倒す

背中を丸めないよう注意しながら、腰を反るようなイメージで上体をゆっくり前に倒します。左の裏ももが伸びているのを感じましょう。

# ひざ下のねじれを取る

左右各
5回

Point

ねじれがある人ほど足指がかたく、親指が浮きます。P.109の方法で足をほぐすと、足指に力が入りやすくなり、親指が浮きません。

## 1

### ひざを内から外へ ゆっくりねじる

右脚を一歩前に出し、つま先を内側に30度向けます。その状態でひざを曲げたら、今度はひざのお皿が外側に向くように、ゆっくりひねりましょう。ひざを内側から外側にねじる動作を5回繰り返します。

動画をチェック！

ひざの関節がねじれて、ひざのお皿が内側に向くと、O脚やXO脚気味になり、ふくらはぎの外側が張ってしまいます。このストレッチで、ひざのねじれが改善され、ひざのお皿が正面に向くと、脚がまっすぐ振り出せるようになり、ふくらはぎへの負担が軽減します。

左右各
5回

## 2
## ひざを前に軽く曲げる

つま先の角度はそのままに、ひざのお皿を正面に戻したら、今度はひざを小指の方へ向けてまっすぐ5回曲げていきます。

1st week_3

# 重心移動の方向を正す

## 1
### 壁から少し離れて立ち 骨盤を壁に近づける

壁から少し離れた位置に立ちます。両腕を伸ばして壁に手をついたら、少しだけ両脚を後ろに引きましょう。壁を押しながら骨盤を前にスライドさせ、壁に骨盤を近づけます。

動画をチェック！
＜

腰から脚を踏み出すトレーニングです。歩くときに脚を前に出そうと意識しすぎると、脚で体を引き寄せるように歩いて、太ももやふくらはぎに負担がかかります。骨盤を先に出す意識を高めると、体の重心移動がうまくできるようになり、脚運びもスムーズに。

30秒

Point

骨盤ができるだけ壁に近づくように意識を。そうしないと脚を上げたときに腰が引け、骨盤から脚を踏み出す動作を意識できません。

## 2
## その場で脚を交互に上げる

壁を手で押しながら、骨盤を前に押し出した状態で、右脚を上げて下ろします。同様に左脚も行いましょう。リズミカルに左右交互に繰り返し、慣れたらスピードアップを。

# 脚運びの移動を正す

## 1

### 脚を一歩引いて背すじを伸ばして立つ

背すじを伸ばして立ち、両手を腰に置き、目線を前に向けます。左脚を一歩後ろに引き、体重を左脚にのせましょう。

動画をチェック！＜

蹴り出した足の親指を残すトレーニングです。足の親指を最後まで地面に残し、指先がピンと外に跳ねるのを防ぐことで、足首のねじれを矯正します。また、足の親指は裏ももからお尻の筋肉までつながっているため、親指に力をつけると、これらの筋肉まで使えるように。

左右各
10回

Point

重心移動のとき前脚のひざがピンと伸びきると、足首の動きを固めて脚運びが悪くなります。前脚のひざは、少し曲げるのが理想です。

NG

かかとが外に逃げると、骨盤までねじれることに。まっすぐの状態をキープしましょう。

腰の左側が後ろにブレがちなので押し出す意識で前へ向ける

## 2
## 重心を前脚に移動させる

左脚に体重を感じながら骨盤から体を前に出し、左足のかかとを上げます。左足の親指に体重をのせ、徐々に右脚に重心を移動させましょう。

1st week

# WALK CHECK!

# 前もも伸ばしウォーク

1週目のトレーニングでクセが取れ、股関節の可動域が増すと、前ももが柔軟になります。やせウォークは骨盤から歩くことを意識しますが、前ももの張りが取れることで、股関節が動き、骨盤が前に出るように。この歩き方で、前ももの伸びを確認しましょう。

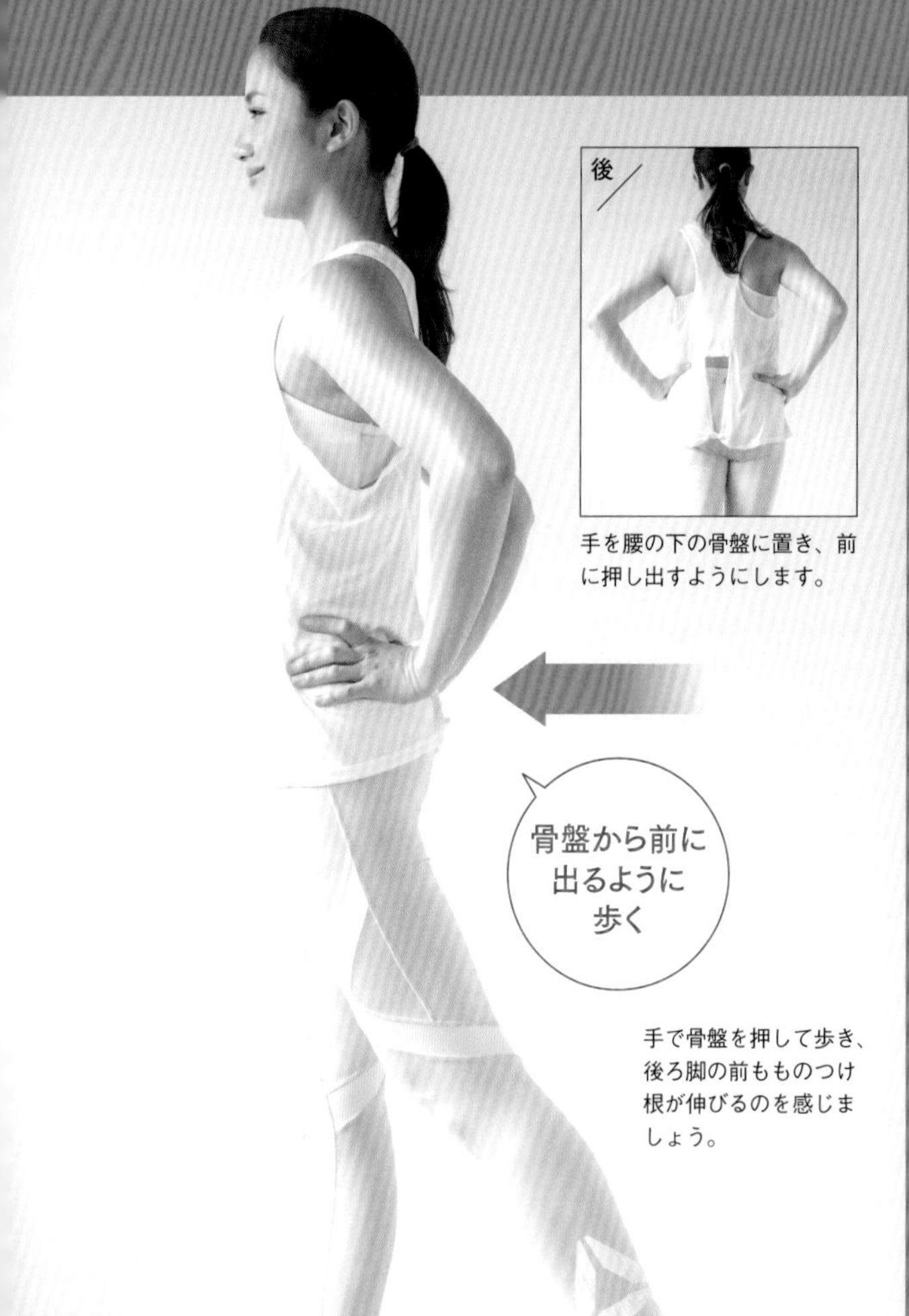


手を腰の下の骨盤に置き、前に押し出すようにします。

手で骨盤を押して歩き、後ろ脚の前ももののつけ根が伸びるのを感じましょう。

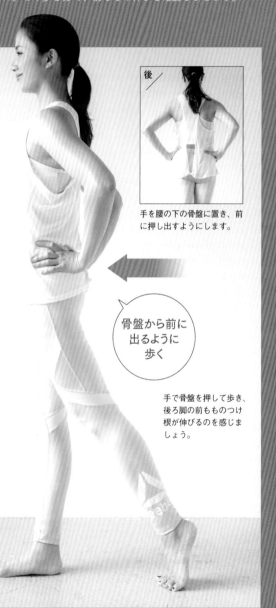

## ここをCHECK!

□ 後ろ脚の前ももをしっかり伸ばす

□ 骨盤を前に押し出すイメージで歩く

□ 骨盤はひねらず常に正面に向ける

□ 出した脚に体重をまっすぐのせる

□ 股関節の可動域が後ろに広がるのを感じる

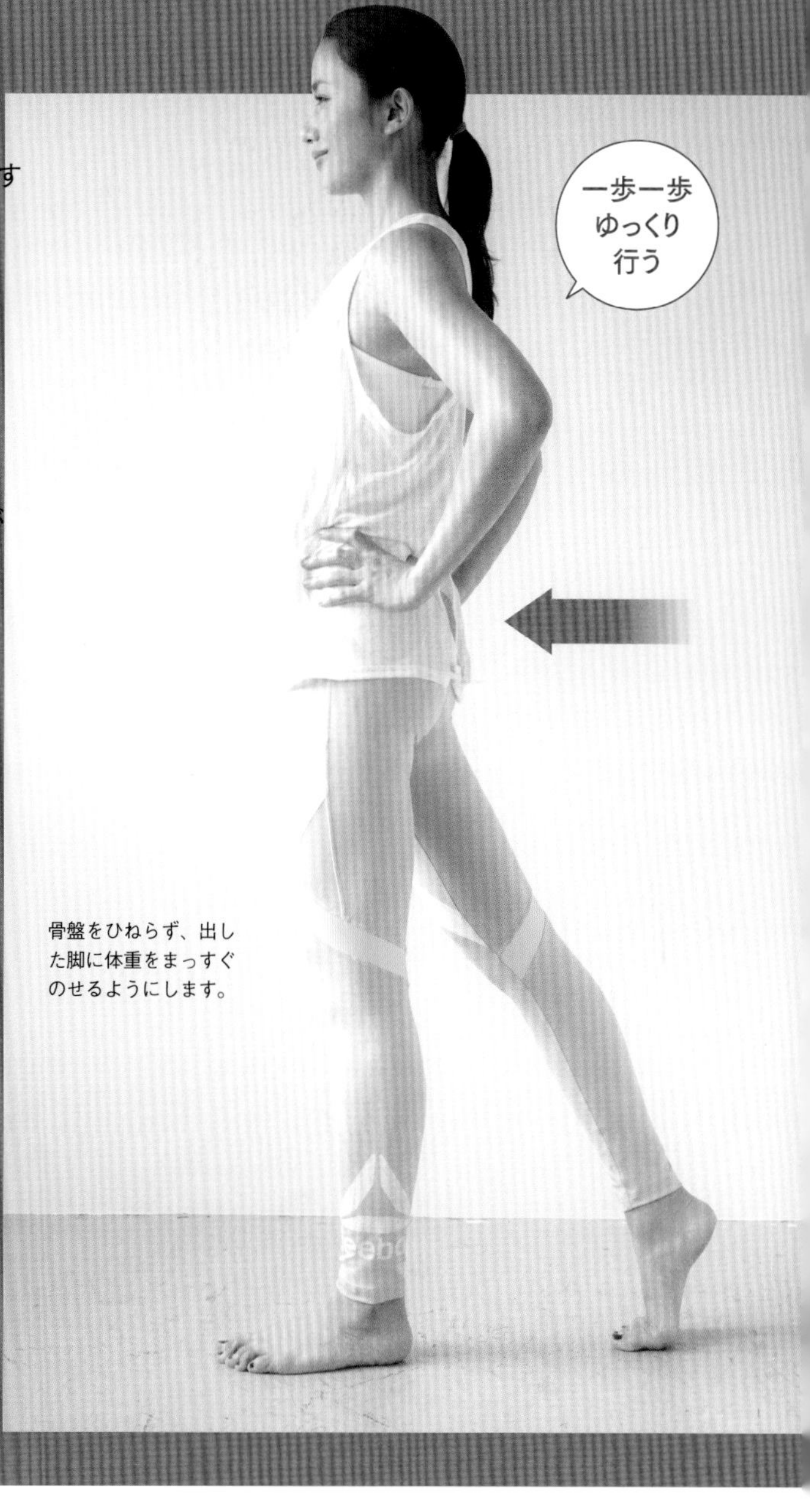


骨盤をひねらず、出した脚に体重をまっすぐのせるようにします。

動画をチェック！

# 2nd week menu

## 安定性を高める

1週目のトレーニングでクセが少しずつゆるんできたら、引き続きクセを取りながら、安定性を高めるトレーニングを加えていきましょう。2週目に主にアプローチするのは、体幹、そして推進力の要となる腰やお尻周りです。体の軸となる体幹を鍛えながら腰周りの柔軟性を高め、さらにお尻を鍛えることで、太ももの使いすぎを減らし、横ブレしない体を目指します。さらに小さなパーツですが、地面からの衝撃を和らげる足裏の外側のアーチにも注目。大きい部分から小さい部分までくまなくアプローチすることで、やせウォークの安定性が高まります。

Basic 1

**股関節**の
ストレッチ

>> P.50

Basic 2

**前もも**の
ストレッチ

>> P.52

＋

Special training

**体幹を安定**させる

**腰周りの柔軟性**を上げる

**足裏の外側のアーチ**を鍛える

**お尻の奥の筋肉**を鍛える

# クセを取りながら鍛えることで やせウォークが安定する

# 体幹を安定させる

## 1

### あおむけに寝て ひざを曲げる

あおむけに寝て、両ひざを曲げ、ひざの下にかかとがくるようにします。両脚の間はこぶし1つ分くらい開けておきましょう。手のひらを床につけ、骨盤は正面～やや後ろ側に傾けるように意識します。

動画をチェック！

体幹を鍛えるトレーニングです。ウォーキングで片脚重心になるときに体を安定して支えるためにも体幹の筋力は不可欠。また、体の裏側にあるお尻と背中、前側にある腹筋をバランスよく鍛える効果があるので、猫背にならず美しい姿勢で歩けるようになります。

## 2

### 骨盤から、お尻をゆっくり持ち上げる

骨盤をすくい上げるように、ゆっくりお尻～腰～背中と体を持ち上げます。腰を反らさず、おなかに力を入れ、ろっ骨が閉じるのを意識しましょう。上体と脚を一直線にしたら5秒キープ。背中からゆっくりお尻を下ろします。

10回

# 腰周りの柔軟性を上げる

## 1

### あおむけになり
### 左脚をクロス

あおむけになり、左脚をクロスして体の右側に置き、体をひねります。右手を使って左ひざを床に近づけながら、左の肩甲骨が浮かないように、できるだけ床につけ、胸を開きます。

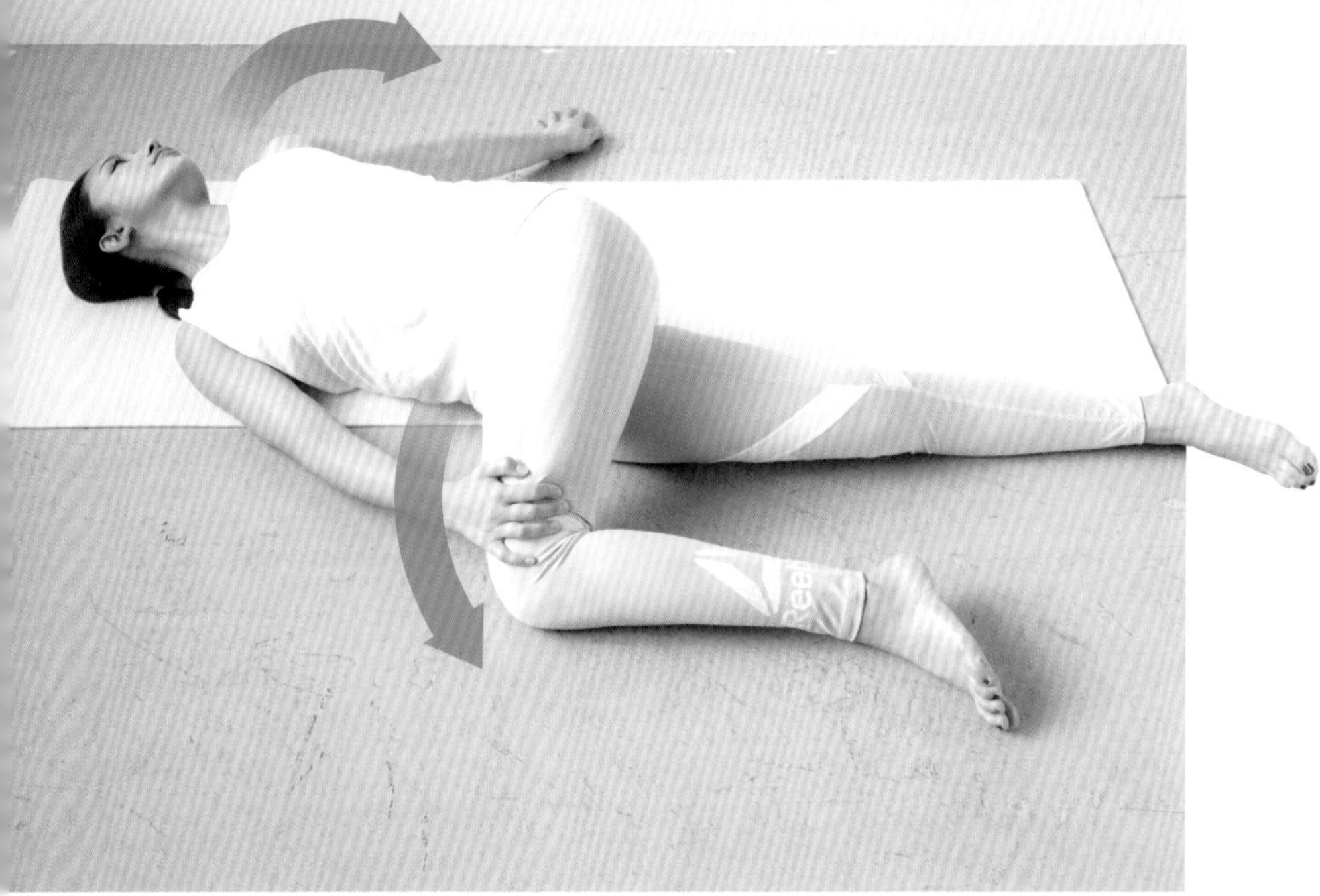

動画をチェック！＜

腰周りの柔軟性を高めるストレッチです。歩くとき、お尻の筋肉をうまく使えていない人は、太ももが張りやすいだけでなく、腰周りまでかたくなっています。腰周りをゆるめることで、股関節の動きがスムーズになり、より安定した歩き方になります。

左右各
30～60秒

## 2
### 反対側も同様にひねります

あおむけに戻り、今度は右脚を体の左側に置き、反対側に体をひねります。右の肩甲骨を床に近づけるようにして胸を開き、腰周りがしっかり伸びているのを感じましょう。

# 足裏の外側のアーチを鍛える

## 右足の小指を床につける

右ひざを立てて座ります。右の足指をすべて上げたら、小指だけをゆっくり床につけていきます。小指はなるべく遠くにつくようにし、足裏の外側のアーチを刺激しましょう。もし、小指が動かしにくい場合は、手の指で軽く押さえてもOKです。

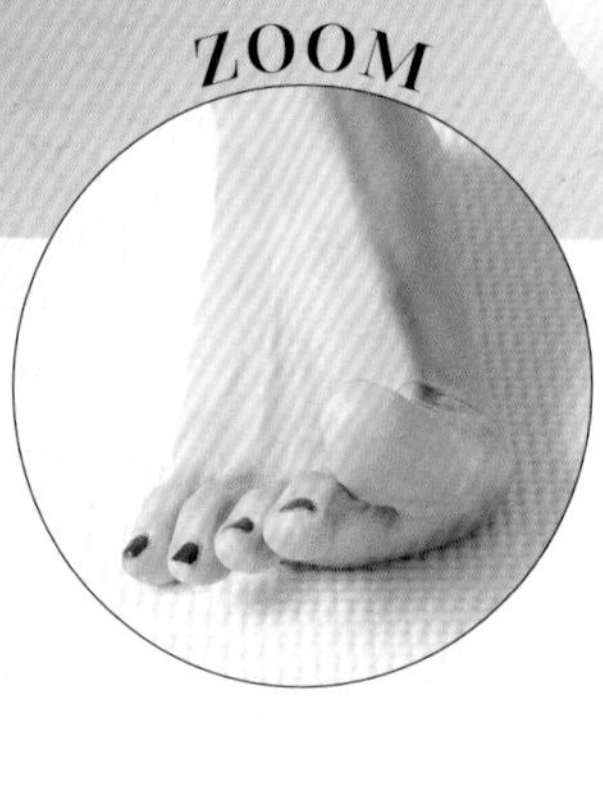

動画をチェック！ <

足裏の外側のアーチをつくるトレーニングです。外側のアーチが崩れると、着地の際に体がブレて、脚の外側に重心が移動しがち。それが太ももの外側や前側が張り出す原因に。両足の小指を動かしてアーチを丈夫にすると、着地のときにブレない体になります。

## 足指が動きづらい人はペンを使う

足指が動きにくい人は、かかとに段差をつけると、外側のアーチを意識できるので、指が動かしやすくなります。直径1.8㎝ほどの中太のペンを足裏に置き、同様に足指を動かしてみましょう。

左右各
10回

### ペンを置くのはココ！

くるぶしの下の側面の少しへこんだ部分。アーチがない人は、少し痛みを感じることも。

# お尻の奥の筋肉を鍛える

## 1

### 床に横になり ひざを曲げる

床に体の右側を下にして寝そべり、右腕は頭の下に、左手は腰に置きます。両脚を前に出し、ひざを曲げましょう。腰は丸めず、やや反っている状態にします。

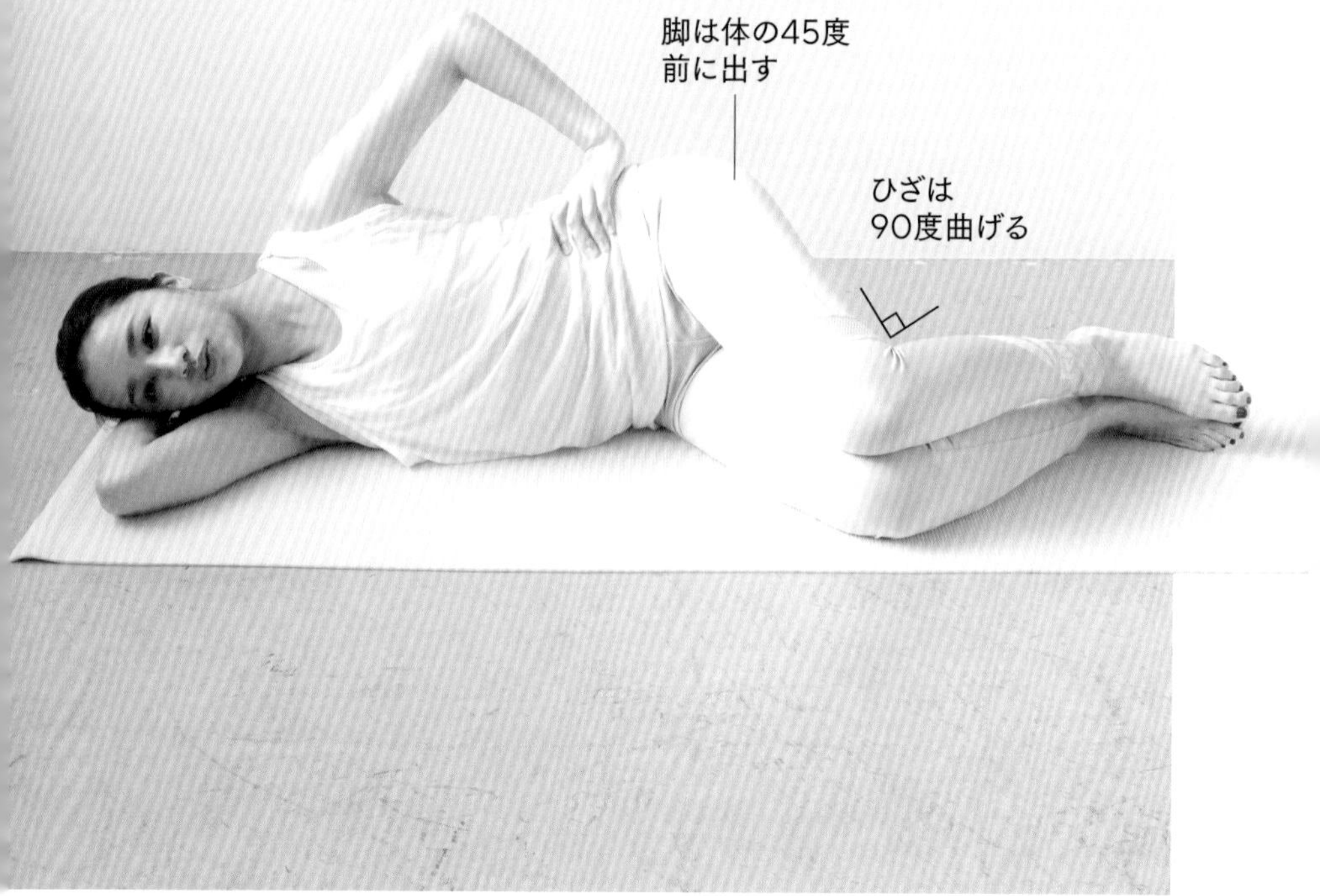
脚は体の45度
前に出す
ひざは
90度曲げる

動画をチェック！ ＜

「梨状筋《りじょうきん》」という筋肉を鍛えるトレーニングです。梨状筋とは、お尻の大きな筋肉・大臀筋《だいでんきん》の奥にあるインナーマッスルのこと。鍛えることで骨盤が安定し、ウォーキングの脚運びがスムーズになり、太ももの力を必要以上に使わず、ラクに歩けるようになります。

左右各
20回

## 2
### ひざを ゆっくり開く

ひざを曲げたまま、上の左ひざをゆっくり上げて、1〜2秒ほどキープ(足先は離さず、つけたままにする)。お尻の奥の筋肉が収縮するのを感じましょう。

**Point**

ひざを開くとき、骨盤まで上を向かないよう注意。①の姿勢と同様、腰は丸めず、やや反っている状態をキープします。

2nd week

# WALK CHECK!

# 親指残しウォーク

安定した歩きに必要な、脚運びや重心移動を確認するウォークです。後ろ脚を蹴り出すとき、親指の力が抜けてしまうと、かかとや指先がブレてしまいます。足の親指を引きずるように残して進むことで重心移動が意識でき、脚をまっすぐ振り出せるようになります。

左親指を引きずるように前へ。つま先が外側や内側に向かないよう注意。

右脚を前にスッと出して、自然に着地したら、右脚に体重移動。

## ここをCHECK!

- □ 足の親指は、まっすぐ前に引きずるようにする
- □ 足指、足首、ひざのお皿はすべて前に向ける
- □ トンと脚を置き、片脚重心になってもブレないようにする
- □ 着地した足は、外側のアーチを使うことを意識する
- □ 前かがみにならず背すじをピンと伸ばす

右親指を引きずるように前へ。つま先が外側や内側に向かないよう注意。

左脚を前にスッと出して、自然に着地したら、左脚に体重移動。

< 動画をチェック!

# 3rd week menu

## 正しい動きを記憶させる

2週目のトレーニングで体の安定性が高まってきたところで、やせウォークに必要な筋肉に「正しい動き」を記憶させていきましょう。3週目も2週目と同様、安定性を高めるトレーニングですが、2週目が横ブレを防ぐのに対し、3週目は前に進む力をより安定させる内容です。バランス感覚を養いブレをなくす体幹トレーニングに加え、足首や骨盤をなめらかに動かす、片脚に重心をのせるといったトレーニングは、前に進む脚運びがイメージしやすいと思います。脚運びも安定してくるので、日々のやせウォークの精度もどんどん上がっていきますよ。

Basic 1

**股関節**の
ストレッチ

>> P.50

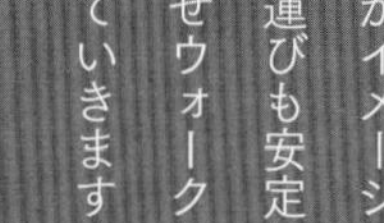

Basic 2

**前もも**の
ストレッチ

>> P.52

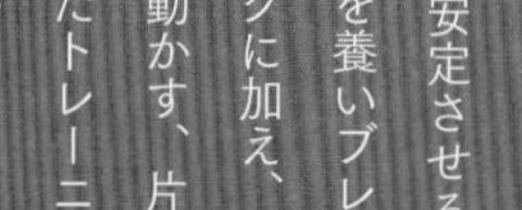

＋

Special training

- **足首の動き**を柔軟にする
- **お尻の上部の筋肉**を鍛える
- **片脚立ちでバランス力**を強化
- **体幹を鍛えて骨盤を安定**させる

# ブレない体づくりで やせウォークの精度を上げる

# 足首の動きを柔軟にする

## 1 床に座り 足首と足指を反らせる

床に座り、両脚を前に出し、ひざを軽く曲げましょう。かかとを突き出すようにして、足首と足指を体側に反らせます。

動画をチェック！ <

足首のねじれを取るストレッチです。足首だけでなく、足指のつけ根にある「MP関節」という部分もストレッチできます。それにより足首から足指までの動きがよくなり、地面に足をついてから蹴り出すまでの重心移動がスムーズになります。

## 2 足首だけを伸ばす

足指を反らせたままで、足首だけを前に倒して伸ばします。

## 3 足指を下ろしてまっすぐに伸ばす

足指を下ろして、足首からつま先までまっすぐ伸ばしたら、②→①と戻り、これを1往復とします。

# お尻の上部の筋肉を鍛える

Point

骨盤をスライドさせたとき、軸脚のひざが伸びきると、前ももに力が入り、中臀筋に効きません。ひざは少し曲げるようにしましょう。

## 1

### 片脚重心で立ち骨盤をスライド

背すじを伸ばしてまっすぐ立ち、両手を腰に置き、右脚に重心をのせます。軸脚のひざは少しだけ曲げておきましょう。この姿勢で骨盤を右へスライドさせます。

＜ 動画をチェック！

お尻の上部にある「中臀筋《ちゅうでんきん》」という部分を刺激しましょう。この筋肉は足が着地したとき、外側のアーチと連動して動きます。外側のアーチが弱い、外ももが張っているという人は、しっかり動かして、筋肉を目覚めさせましょう。

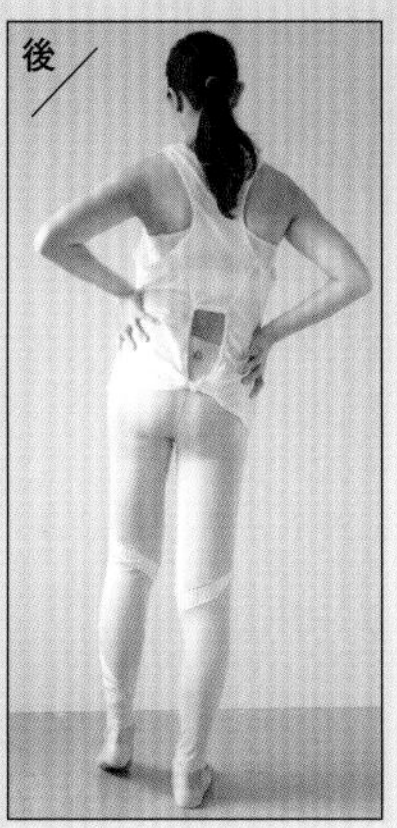

左右各
20回

## 2
## お尻を使って骨盤を引き下げる

左脚には体重をのせず、お尻の力で骨盤の右側を引き下げるようにして、骨盤をまっすぐに戻します。体重は右足の外側のアーチにのせたまま、ひざを軽く曲げましょう。

# 片脚立ちでバランス力を強化

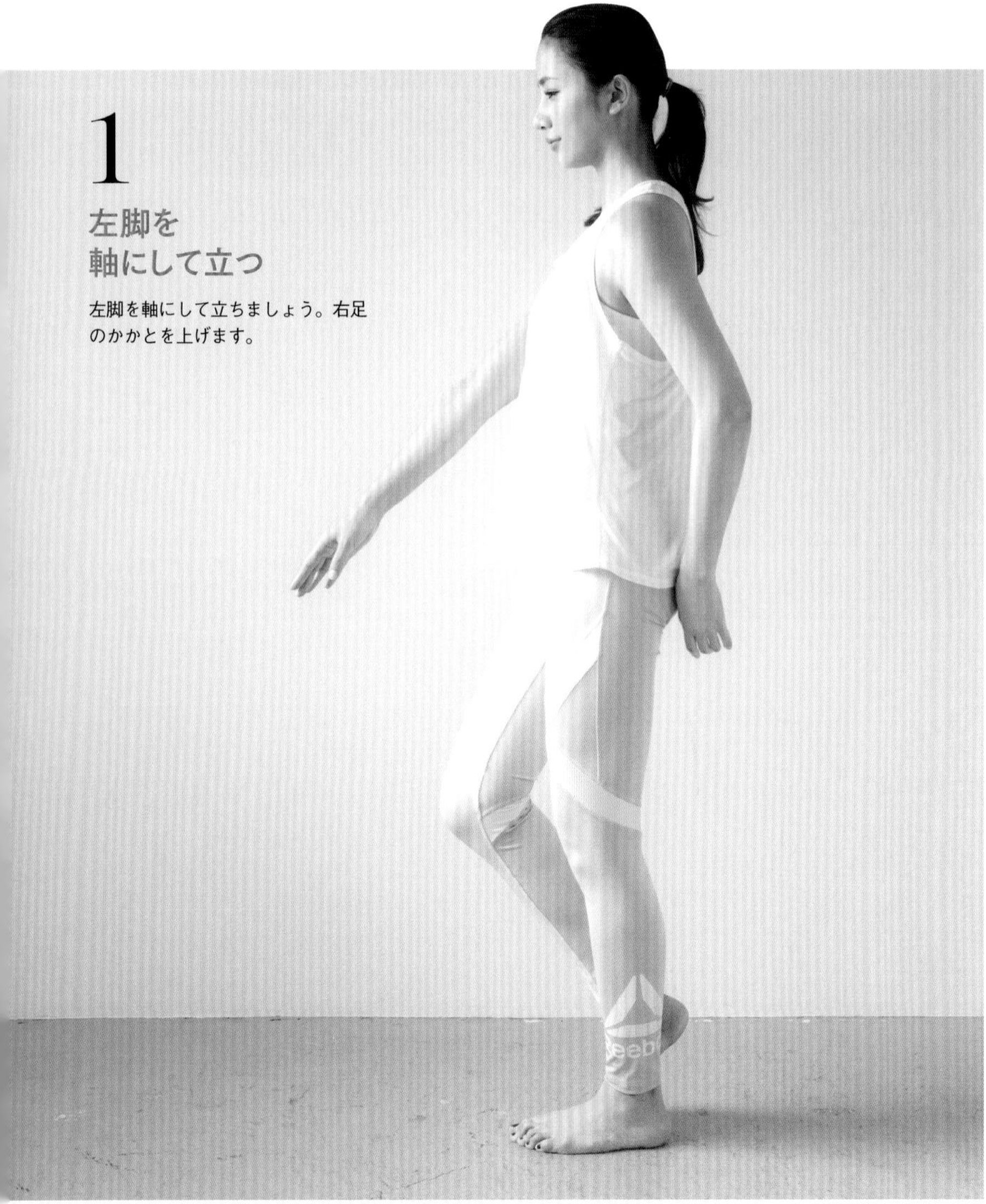

## 1

### 左脚を軸にして立つ

左脚を軸にして立ちましょう。右足のかかとを上げます。

動画をチェック! ＜

片脚立ちの不安定な姿勢になることで、バランス力を鍛えていきましょう。これまでに鍛えてきた体幹の筋肉と、裏ももとお尻の筋肉を連動させて使えるようにしていくトレーニングです。この部分を鍛えることで、ブレない体を手に入れることができます。

左右各
10回

## 2
## 上体を倒し 右手でつま先をタッチ

右脚を後ろに引きながら体を倒し、右手で左足のつま先をタッチ。左もも裏とお尻の伸びを感じましょう。このとき軸脚のひざは軽く曲がります。タッチしたら裏ももとお尻の筋肉を使って体を起こし、①の姿勢に戻ります。

# 体幹を鍛えて骨盤を安定させる

## 1

### ひじをついた状態からお尻を上げる

床に両ひじをついて、ひじ立て伏せの状態になりましょう。脚幅を肩幅くらいに開いたら、おなかに力を入れ、お尻を上げます。

動画をチェック！

ひじ立ての姿勢で骨盤を床に近づけていくトレーニングです。体幹を鍛えるだけでなく、骨盤の正しい位置が意識できるので、猫背や反り腰の改善にも効果的。また、前ももが伸びて歩幅が広がるので、よりなめらかな脚運びになります。

20回

Point

腰を反るようにすると腰に負担がかかってしまいます。おなかに力をしっかり入れ、骨盤を床に近づけるようにしましょう。

## 2
### 骨盤を床に近づける

お尻を落とし、骨盤を床に近づけていきましょう。みぞおちにしっかり力を入れて、骨盤だけ近づけるのが効かせるコツ。床すれすれまで骨盤を近づけたら、①の姿勢に戻ります。

3rd week

# WALK CHECK!

# トントンウォーク

トントンと跳ねながら片脚ずつ歩いてみましょう。体が前後左右にブレやすくなりますが、これまでのトレーニングで体幹が安定していれば大丈夫です。また、着地するとき、かかとやつま先からではなく足裏全体をつけると、足裏の重心移動の意識が高まります。

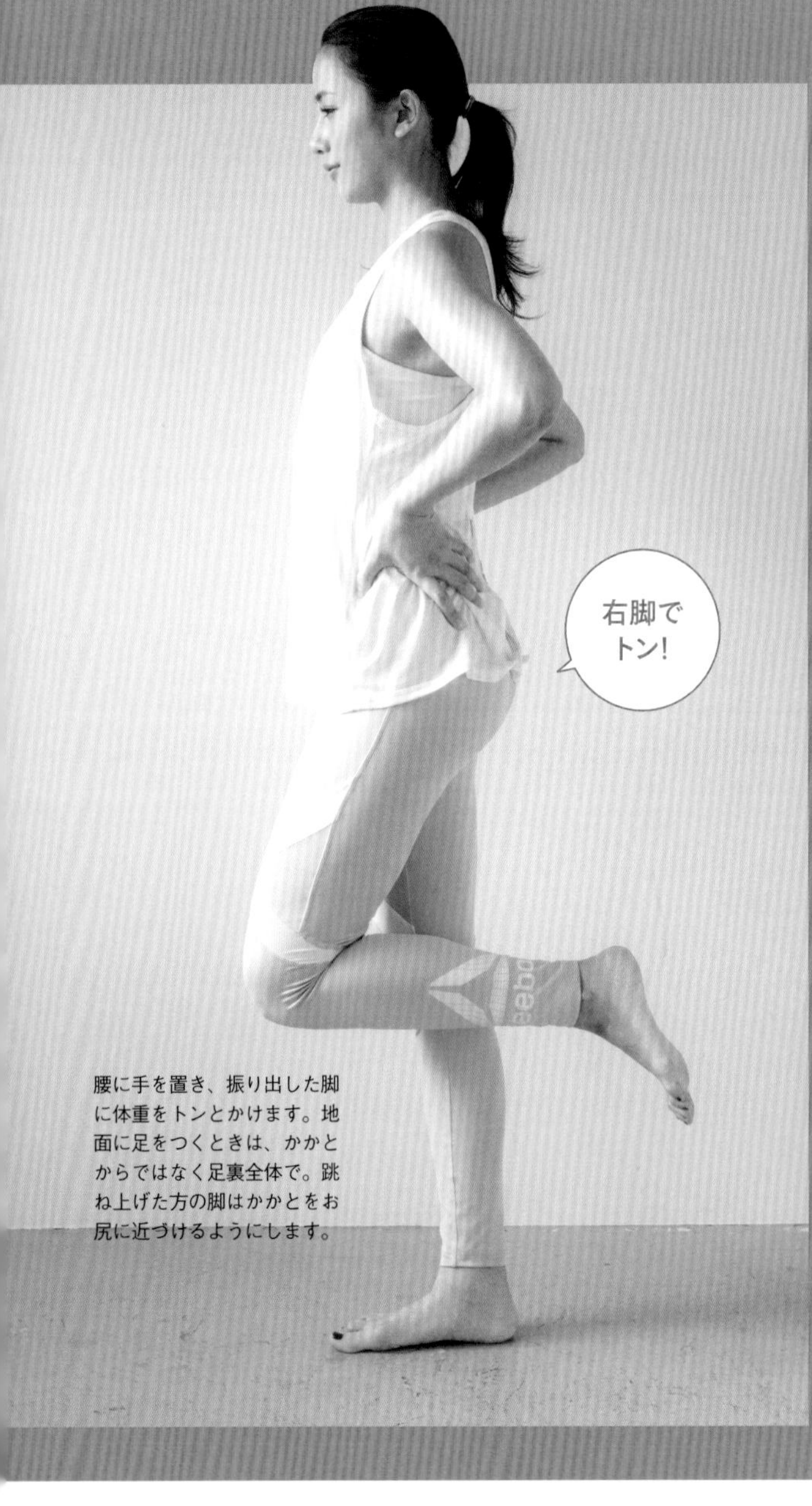


腰に手を置き、振り出した脚に体重をトンとかけます。地面に足をつくときは、かかとからではなく足裏全体で。跳ね上げた方の脚はかかとをお尻に近づけるようにします。

## ここをCHECK!

- 腰に手を置き、体の軸だけでバランスをとる
- 前後に倒れないように前に跳ねるように歩く
- 片脚重心になったときブレないようにする
- 足裏全体でトン!とつきかかとへの負担を減らす
- 体の真下に脚をつくイメージで重心移動

少し跳ねるようにして脚を出し、跳ね上げた方の脚はかかとをお尻に近づけるようにします。

動画をチェック!

# 4th week menu

## 正しいフォームを崩さない体になる

４週目になると、体がますます安定して、やせウォークの脚運びがスムーズになるのを実感できるはずです。正しいフォームが意識できるようになったところで筋トレ的な動きを加えて、やせウォークの動きを固定させ、再び悪い歩きグセに戻らない体に鍛えていきましょう。体のブレの原因となる部分にアプローチするために、体幹やもも、お尻といった大きな筋肉から足裏の小さな筋肉まで、やや強度の高いトレーニングを重ねますが、そのことにより揺らがない土台が完成！「毎日のウォーキング」＝「ボディメイキング」になり、やせ効果が手に入ります。

Basic 1

**股関節**の
ストレッチ

>> P.50

Basic 2

**前もも**の
ストレッチ

>> P.52

＋

Special training

- **体の側面を刺激**してブレない体に
- **つま先立ちで体を安定**させる
- **足裏の外側のアーチを強化**する
- **脚振りを安定**させるバックランジ

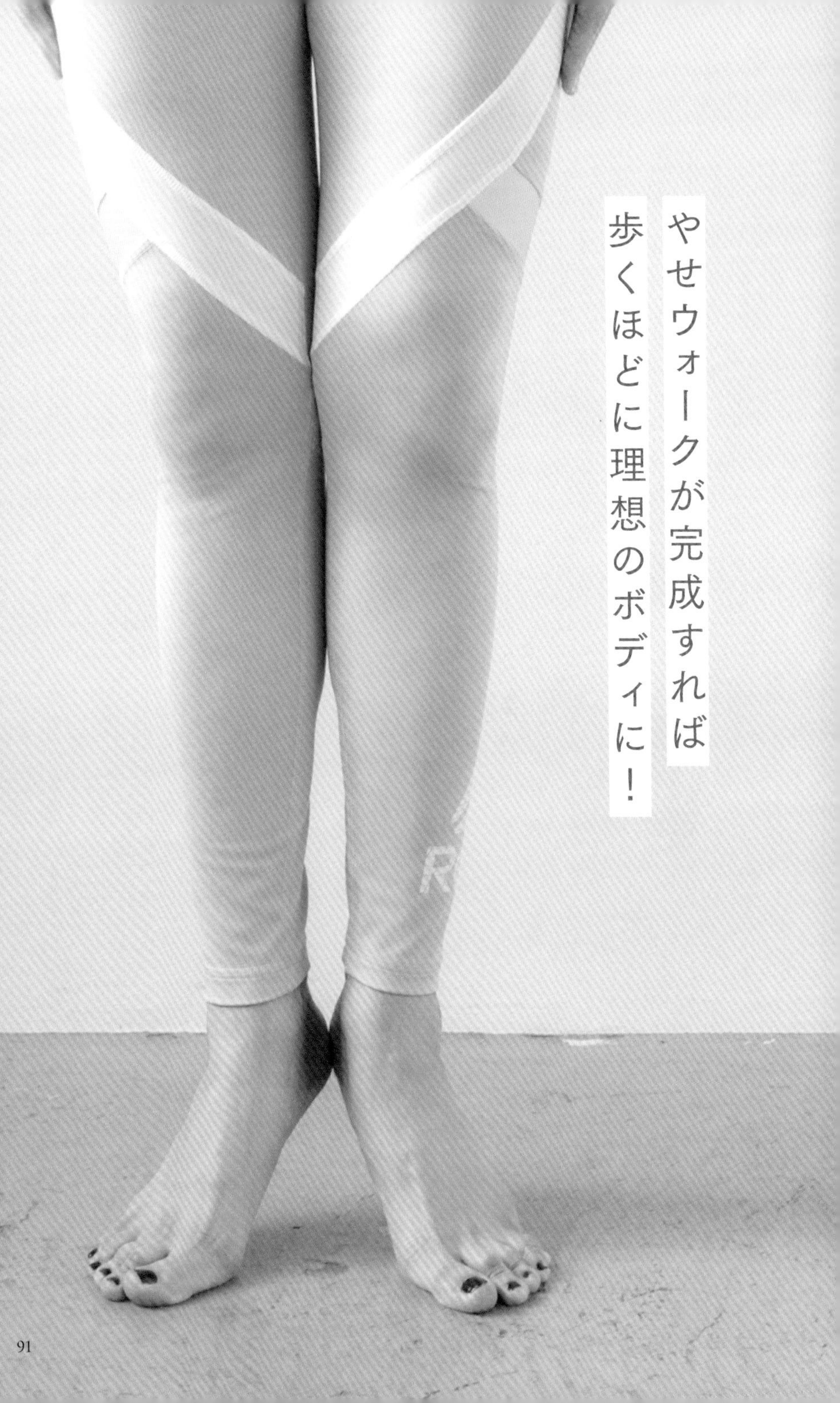

やせウォークが完成すれば
歩くほどに理想のボディに！

# 体の側面を刺激して ブレない体に

## 1

### 床に横になり ひざを曲げる

体の右側を下にして横になり、肩の下にひじがくるように右腕を置いたら、両ひざを後ろに曲げます。

動画をチェック！ ＞

体幹を安定させるトレーニングの中でも、左右のブレを抑える効果が高い動きです。お尻の上部や体の側面を強化するので、着地のとき、骨盤が左右にブレにくくなり、安定した歩きになります。ムダな動きがなくなり疲れずに長時間歩けるので、消費カロリーアップも狙えます。

## 2
## 体を持ち上げ 上の脚を軽く上げる

上の脚を軽く上げていきながら体を起こしましょう。床についたひざを地面に押しつけ、腰ではなく、お尻の力で体を持ち上げます。おへそを少し斜め上に向けると、お尻に力が入りやすくなります。

# つま先立ちで体を安定させる

## 1

### かかとをつけて まっすぐ立つ

背すじを伸ばして立ち、かかと同士をくっつけて、つま先を30度くらい開きます。お尻をキュッと締めて、内ももに力を入れましょう。

ZOOM

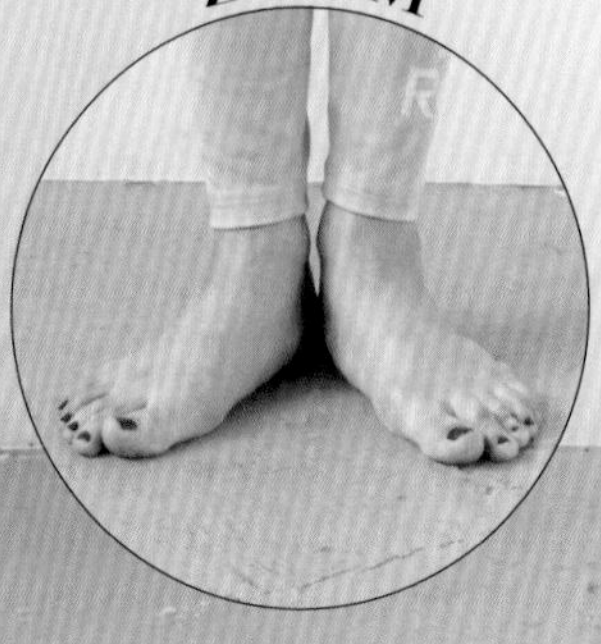

動画をチェック！ <

つま先立ちの状態でかかとを上げ下げし、あえて不安定な状態をつくることで、足指〜足首〜股関節〜体幹を連動させて使えるようにするトレーニングです。足指の小さな筋肉から体幹の大きな筋肉までバランスよく使えるように。足首が引き締まるオマケつきです。

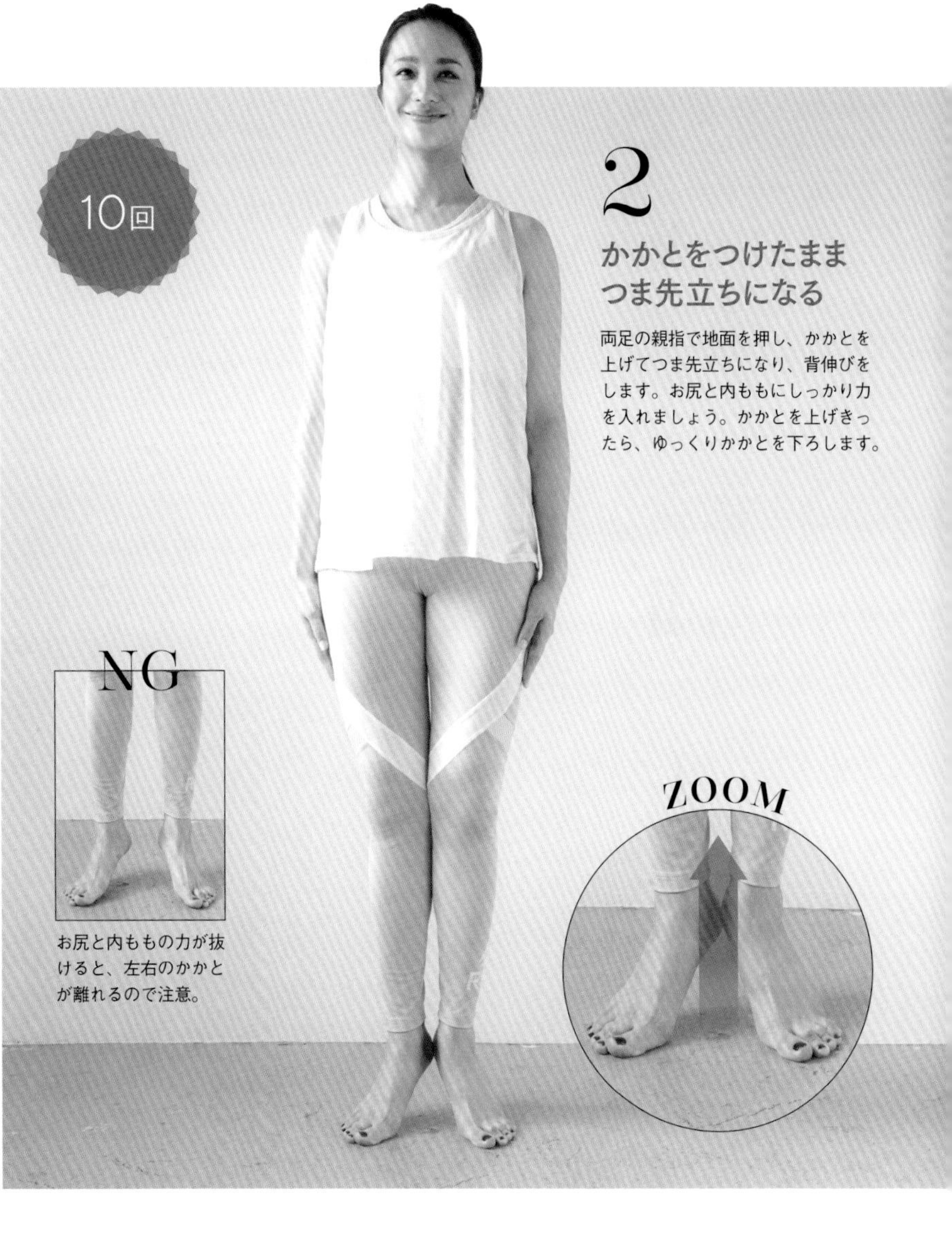

10回

# 2

## かかとをつけたまま つま先立ちになる

両足の親指で地面を押し、かかとを上げてつま先立ちになり、背伸びをします。お尻と内ももにしっかり力を入れましょう。かかとを上げきったら、ゆっくりかかとを下ろします。

NG

お尻と内ももの力が抜けると、左右のかかとが離れるので注意。

ZOOM

# 足裏の外側のアーチを強化する

## 足指とかかとを浮かせ足踏みする

足指とかかとを床から浮かせた状態で、足踏みします。ひざは軽く曲げ、ひざのお皿が前を向くよう注意しましょう。

動画を
チェック!

足裏の外側のアーチを強化して、ブレない体にするトレーニングです。足指とかかとを浮かせたまま足裏に体重をかけると、足裏の筋肉が引き伸ばされ、アーチに刺激が入ります。アーチを強化して、着地の衝撃にすぐに反応できる足裏に導きましょう。

20回

## 腰を落として ひざを軽く曲げる

横から見た姿勢です。腰を少し落として両ひざは軽く曲げます。上体は前に倒れてもOKですが、ひざが内側に入りやすくなるので注意しましょう。

ZOOM

## 外側で トントン歩く

体重をかけるのは、小指と薬指の下あたりの小指球です。

# 脚振りを安定させる バックランジ

**スタンバイ**

背すじを伸ばして立ち、両ひざとつま先を前に向けます。

## 1

### 右脚を後ろに引き腰を落とす

つま先が外側や内側に向かないように気をつけながら、右脚を大きく後ろに引き、腰を下に落とします。左のお尻と裏もも、右脚の前もものつけ根が伸びているのを感じましょう。

動画をチェック！ <

脚を後ろに引き、腰を落とすバックランジという動きで、歩く動作に一番近いトレーニングです。後ろに引いた脚を前に戻すときがポイント。このとき、前の脚だけでなく、後ろ脚の前ももの筋肉を使うと、姿勢が安定しやすくなります。

左右各 10回

## 2 スタンバイの姿勢に戻ります

右脚と左脚の筋肉を使って、スタンバイの姿勢に戻りましょう。ハサミが交差するイメージで左右の脚の筋肉を同じくらい使うのがポイント。

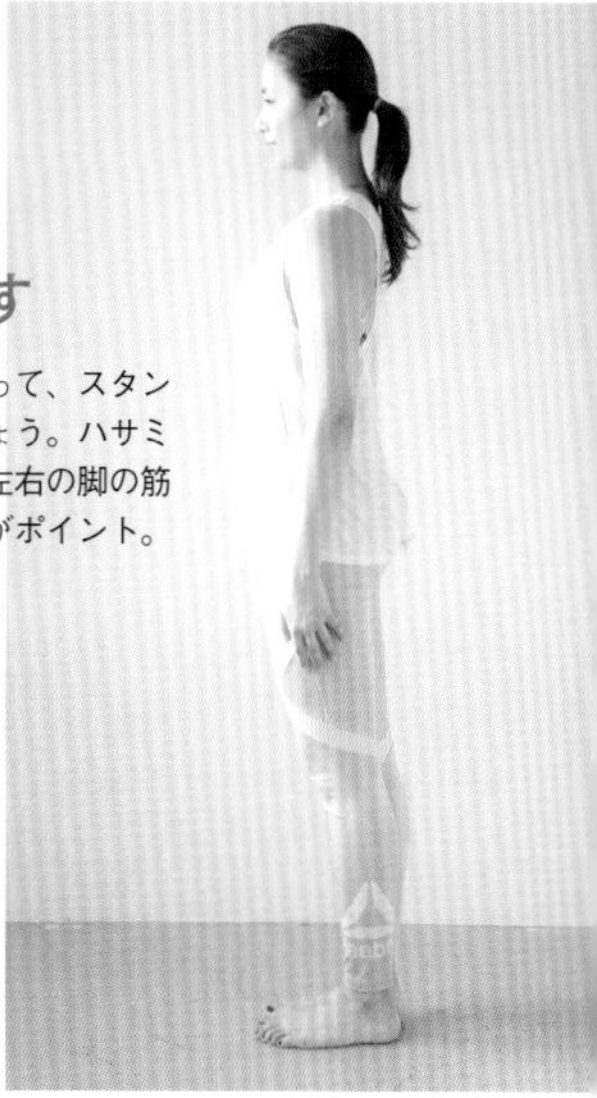

## 3 左脚を後ろに引き腰を落とす

①と同じように左脚を後ろに引き、腰を下に落とします。脚を左右交互に入れ替え、リズミカルに繰り返しましょう。

4th week

# WALK CHECK!

やせウォークに近い、骨盤を使った歩き方で、骨盤と足裏の重心移動を記憶させましょう。1週目の歩き方に近いですが、こちらはスピードを上げた、スタスタという歩き。骨盤を前に押し出すようにして、前ももを伸ばすのがポイント。背中は少し反ってもOKです。

## 骨盤ウォーク

骨盤の重心を前に移動させたら、左脚を前に出してかかとの外側から着地。

骨盤が後ろから押されているイメージで右脚を出し、左前ももを伸ばします。

## ここをCHECK!

- 手を使い、骨盤を前に押し出して歩く
- 脚を前に出すのではなく骨盤を前に出すようにする
- 蹴り出す脚は親指をしっかり残す
- 後ろに送った脚は前ももの伸びを感じる
- ひざ、つま先はまっすぐ前に向ける

骨盤が後ろから押されているイメージで左脚を出し、右前ももを伸ばします。

**手は骨盤！**

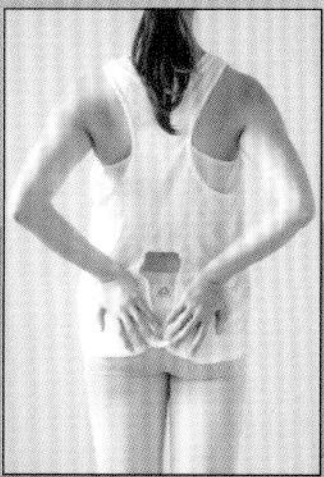

両手は腰に置き、骨盤を前に押し出すようにして歩きます。

動画をチェック！ ＜

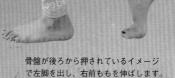

私はさまざまなメディアで、「ダイエットを成功させるなら、運動１割、食事９割」とお伝えしてきました。これは「ダイエットを効率よく成功させるには、食事の見直しは↖

一日７０００歩は割合にクリアできる数字だと思いますが、車を常用する人や、子育てなどで外出もままならない人は２０００歩ほどしか歩けない日もあるようです。しかし、そ

# “やせたいのなら食事の見直しと、まず「歩くこと」”

――森 拓郎

不可欠」ということ。やせるポイントを押さえて食事をすれば、特別な運動をする必要はない、という意味ですが、ここにひとつ大きな誤解があります。それは、人が最低限こなさなくてはいけない運動量をクリアしてこそ、初めてこの理論が成り立つ、ということです。

その運動量とは、歩数でいえば約7000歩。厚生労働省の目標値として一日8000歩以上が推奨されていますが、最低でも一般女性の平均である約7000歩は歩いてもらいたいところです。それをクリアできないと、消費カロリーと摂取カロリーの収支の点ではマイナスです。

通勤や通学で歩く習慣がある人は、

こは何とかクリアしてもらいたいです。また、よく「20分以上歩かなければ脂肪は燃えない」と言われますが、細切れで歩いても消費カロリーに変わりはありません。歩数を増やすように工夫してみましょう。

ウォーキングは、ケガのリスクが少なく誰でも取り組める、すぐれた有酸素運動だと私は考えています。人の筋肉量は20歳前後をピークに年々1％ずつ減るもの。歩かなかった人は、年を重ねてからひざや腰にトラブルを抱えることも少なくありません。ボディメイクの観点からはもとより、これから先の健康のことを考えて日常的にしっかり歩いてほしいですね。

Chapter 3

# もっと正しく、美しく歩くための Q&A

///

毎日の歩行が、すべてやせウォークに変われば、
スタイルがみるみる変わるうれしい効果が！
けれども４週間のトレーニング中や、
やせウォーク中に気になることも出てくるはず。
そんなよくある疑問についてお答えします。

# Q たくさん歩いて脚がパンパン…！<br>おすすめのケアはある？

## A ベーシックのストレッチと<br>マッサージを行いましょう

どんなにうまく歩けていても、長時間歩けば誰でも脚は疲れてしまうもの。まだ「やせウォーク」に慣れていない脚ならなおさらです。悪いクセのまま歩いていると、ふくらはぎなどの筋肉が張って正しい動きがしづらくなり、余計に疲れる……という悪循環になってしまいます。また、疲れが残ったむくんだ脚は、太く見えてしまうので、ケアを忘れずに行って、その日のうちにリセットを。ぜひ取り入れてほしいのが、股関節を伸ばすベーシック1（P.50）と、前ももを伸ばすベーシック2（P.52）のストレッチ。脚のむくみ解消には、お風呂上がりのマッサージもおすすめです。ケアと「やせウォーク」の実践を繰り返すことで、理想の状態に近づきます。

**下から引き上げるような<br>マッサージで、脚スッキリ！**

お風呂上がりなど、筋肉が温まっているときに、足首からひざ、ひざから太ももに向かって、両手で引き上げるようにマッサージ。筋肉の張りとむくみが取れて、翌朝は脚がスッキリ。

**股関節を伸ばし<br>疲れを取る**

P.50の股関節ストレッチでお尻と裏ももを伸ばすと、反対側の前もも疲れが解消。

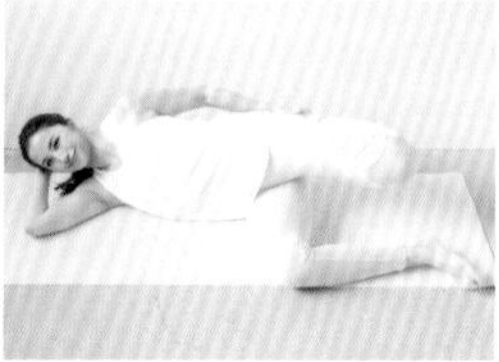

**前ももを伸ばし<br>筋肉をゆるめる**

歩くときに負担がかかる前もも。たくさん歩いた日はP.52の前もものストレッチを1分ほど長めに行って。

## Q ベーシックのストレッチができない。いきなり挫折しそうです

## A テニスボールやマッサージなどで筋肉のこりをしっかり取りましょう

イスに座る時間が長くてお尻の筋肉がかたくなっていたり、長年続けてきた悪い歩きグセで太ももの前側や外側が張っていたりする人は、基本となるベーシックのストレッチすら難しく感じるかもしれません。そんな人は、トレーニングの前に筋肉のこりを取る「ほぐす」動作を入れてみましょう。テニスボールやほぐしローラーなどを使って筋肉をほぐすことで、ベーシックのストレッチはもちろん、それ以外のトレーニングもスムーズにできるようになります。また、こりがほぐれた状態でトレーニングに取り組むと、悪い歩きグセが改善しやすくなり、いち早く効果を実感できるはず。次のページで、重点的にほぐしたい場所と方法を紹介します。

*Tools*

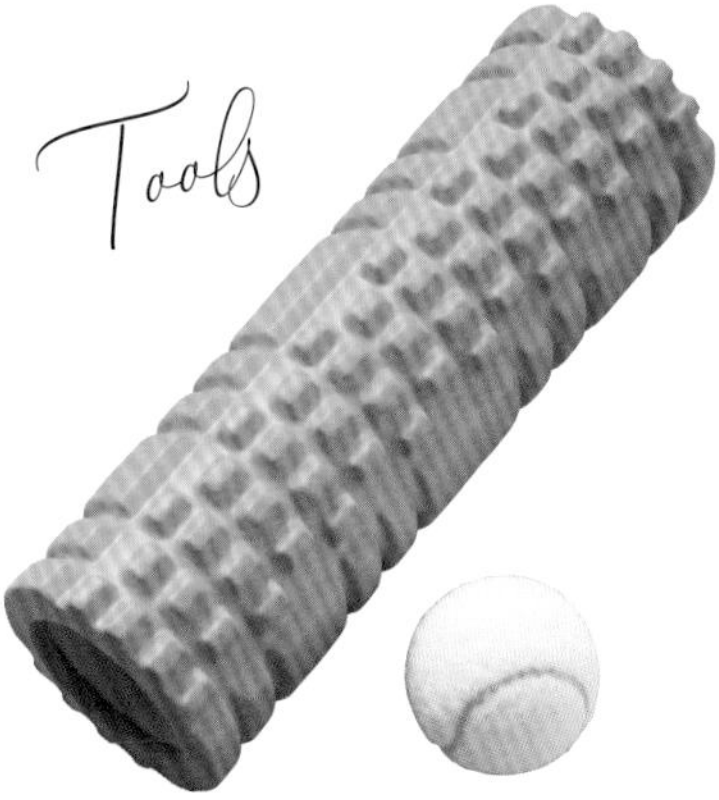

### ほぐす道具があると便利

筋肉をほぐすのは、手でもかまいませんが、テニスボールや市販のほぐしローラーがあると便利です。なかでもほぐしローラーは、広範囲をケアでき、筋肉に適度な強さで圧をかけられるので、おすすめです。

## 筋肉のかたさを感じる人は「ほぐし」から！

### 「ベーシック1」がやりづらい人のための「ほぐし」

脚を抱えたとき、お尻が浮いてくるのは股関節周りの筋肉がかたく、お尻の筋肉がこっている証拠。股関節の動きに関わる脚のつけ根の周りの筋肉をテニスボールでほぐしましょう。横になり、太もものつけ根にボールを当てたら、前後に転がして、こりをほぐします。

左右各 90秒

### 「ベーシック2」がやりづらい人のための「ほぐし」

太ももの張りが強いと前ももがうまく伸びません。とくに張りやすい太ももの外側にほぐしローラーを置き、脚のつけ根からひざ上まで90秒ほど転がしましょう。テニスボールを使ってもいいですが、ほぐしローラーを使うと広範囲をケアできて効率的です。

左右各 90秒

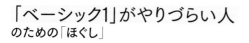

左右各
90秒

## 足首がうまく動かない人
**のための「ほぐし」**

ハイヒールを履くなど、前のめりに歩くクセがある人は、すねの張りが強く、ふくらはぎや足首がうまく動かせなくなっています。このような人は1週目のP.58やP.62のトレーニングがつらく感じるかもしれません。横座りし、手のひらで押すようにして、すねとふくらはぎをほぐしましょう。

## 足指がうまく動かない人
**のための「ほぐし」**

トレーニングのときに足指が浮いてきたり、足指が動かしにくいと感じる人は、足裏全体の関節がかたくなっています。あぐらをかいて座り、片手で内くるぶしの下のあたりを押さえ、もう片方の手で指先側をつかみ、ぞうきんを絞るように逆方向にねじり、足裏全体をほぐしましょう。

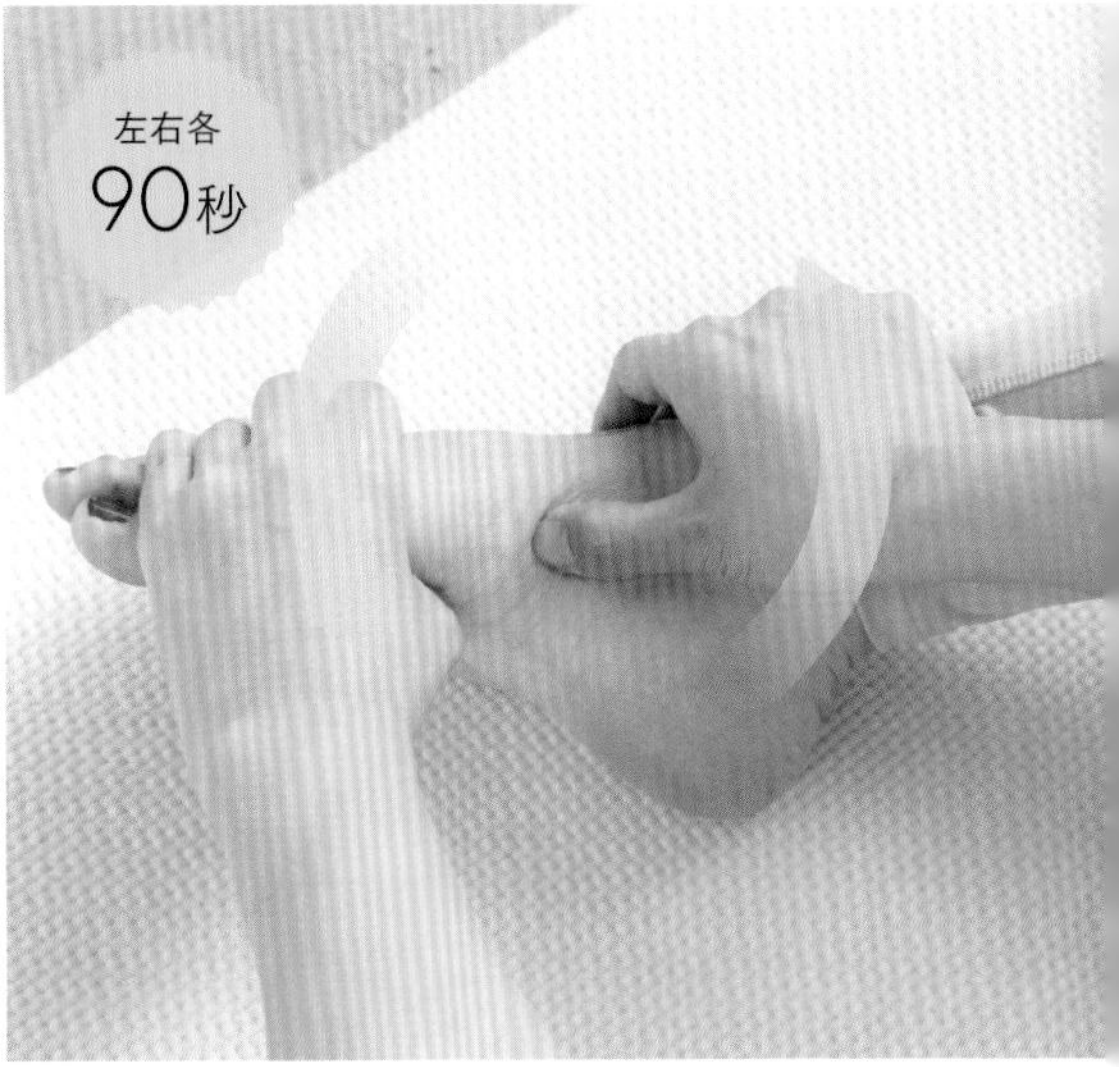

## Q 歩くときはどんな靴を履いたらいいの？

## A 歩きやすいスニーカーが断然おすすめです

○:OK

△

トレーニングを行う4週間は、歩きグセを矯正する大切な期間なので、できればその間はスニーカーを履いてほしいです。ただし、クラシックなタイプのスニーカーやデッキシューズのような靴底が真っ平なものは、機能的でないばかりか、歩きにくいので、あまりおすすめできません。悪い歩きグセをいち早く卒業したいなら、足裏の重心移動がスムーズにできるようにつくられている、スポーツ系のスニーカーが断然おすすめ。どうしてもパンプスを履きたいのなら、かかとに衝撃を吸収するクッションが入っているなど、歩きやすいものを選びましょう。

## Q ハイヒールを履いているから通勤中の「やせウォーク」は無理？

## A 自分の脚に合った歩きやすいハイヒールを選べば大丈夫です

靴はスポーツ系のスニーカーをおすすめしますが、仕事によっては毎日ハイヒールを履かなくてはいけない人もいるはずです。やせウォークにNGと思われがちなハイヒールですが、靴の選び方や中敷きに工夫をすれば、妨げにはなりません。次のページの方法で自分に合うハイヒールを見つけてみましょう。また、この本のトレーニングで体幹や足指がきちんと使えるようになって正しいやせウォークが身につけば、ハイヒールを履いてもブレずに歩け、やせ効果も期待できます。

**インソールを活用するのも手**

足裏のアーチを補完し、前滑りを防ぐインソール。ハイヒールでグラつきがちな姿勢が安定し、歩行もスムーズになります。リベラシオン・インソール ¥3000／GLAB
※森さんのオフィシャルサイト shop rinato（http://rinato.shop-pro.jp/）でも購入できます。

# ハイヒールの選び方とケアのコツ

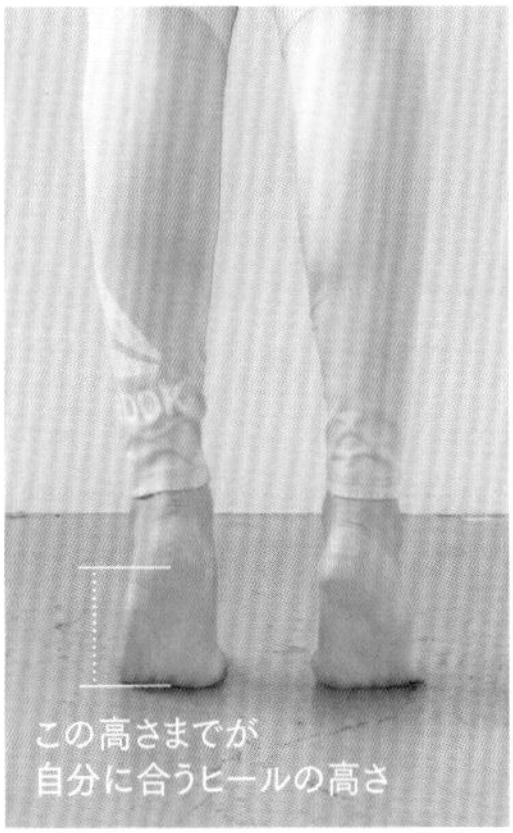


## つま先立ちになり 自分に合うハイヒールを選ぶ

　捻挫しそうになりながら、ハイヒールでグラグラ歩いている人をよく見かけます。こんな不安定な状態では、脚がねじれて当然です。自分に合うヒールの高さのチェック方法は、足をまっすぐ前に向けて、つま先立ちをするだけ。親指に体重がのって、足の内側が床と垂直に保てる高さまでが、安定して履けるヒールの高さです。体重が外に逃げてしまうようなら、その高さのヒールは適しません。

## ヒールで歩いた日は ふくらはぎのストレッチでケア

　つま先立ちのままで歩くハイヒールは、ずっとふくらはぎの筋肉が縮んだまま。血管も長時間収縮された状態なので、血流が悪くなりがちです。そのため、疲労がたまりやすく、筋肉まで張ってかたくなってしまいます。縮んだふくらはぎは、しっかりストレッチでケアをしましょう。脚を前後に開き、つま先を少しだけ内側に向け、両腕で壁を押し、ふくらはぎの内側をストレッチ。かかとの内側と親指に体重をのせるようにして60秒キープ。反対側も同様に行います。

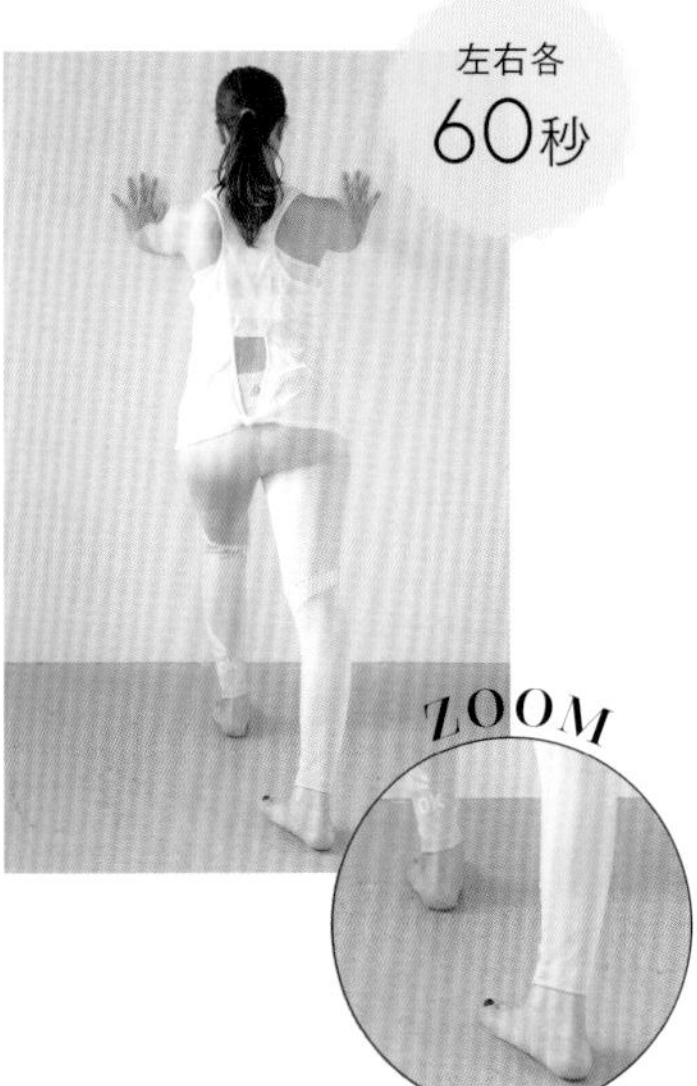

## Q 歩くときのバッグはどんな種類がいい？

## A バッグの種類ではなく、持ち方に工夫をしてみましょう

リュック、肩掛けバッグ、トートバッグ……どの種類がおすすめというのは、とくにありません。片側で持つ肩掛けバッグやトートバッグは骨盤の左右のブレにもつながりますが、短時間であればそんなに問題ではないですし、体幹の筋肉を鍛えれば姿勢がブレることはありません。ただ、重い荷物のときは、アンバランスな姿勢になりがちなので、右手で持っていたら、ときどき左手に替えるなど、持ち方に工夫をしましょう。毎日バッグの種類を替え、筋肉への負荷を分散させる、というのも手です。

## Q 階段の上り下りで気をつけなくてはいけないことは?

## A 体は垂直のままで両脚をうまく使いましょう

階段を上るときに、お尻の筋肉を使おうとして、前かがみになっている人がよくいます。見た目としても美しくないですし、前ももを使いすぎてしまう場合もあります。階段の上り下りは、片脚だけでなく、逆脚も使った方が効率的なのです。まず階段を上るときは、脚をつくと同時に、反対側の太ももを上げるイメージで、体をまっすぐ上へ引き上げます。バックランジ（P.98）のように、脚と脚を近づける意識をすると、お尻とインナーマッスルの大腰筋が連動して、安定します。下りるときは、つま先からなるべく音を立てないようにつくと、衝撃が吸収され、負担を減らすことができます。

**下り方のコツ**

ドスドスと音がするのは、それだけ衝撃が強く、太ももへの負担が大きい証拠。なるべく音を立てないように、やわらかく足をつきましょう。体幹の力を抜かず、姿勢をまっすぐに保つのがコツ。こうすると太ももの負担を減らすことができます。

**上り方のコツ**

前かがみにならないよう体を垂直に保ち、前の段に足をつくと同時に、反対側の太ももを引き上げます。ハサミが交差するイメージで脚を動かし、スタスタ上りましょう。腰を押し出すようにして、骨盤を少し前傾させるとうまく上れます。

## Q どうしても猫背になり きれいに歩けません

## A 肩甲骨周りのストレッチで 上半身の姿勢を正しましょう

猫背になると、肩が内側に入り、背中が丸まってしまいます。すると、あごや頭が前に出て、まるで原始人のような姿勢に……。腰が後ろに引け、ひざが曲がりやすくなるため、ひざ下だけで地面をひっかくような歩き方になってしまいます。これでは、太ももやふくらはぎに負担がかかるばかりです。猫背の人は上半身のストレッチも不可欠。P.116で紹介する、肩甲骨周りのストレッチを毎日行ってみましょう。背すじが伸びて、ぽっこりしたおなか周りもすっきり。重心移動も正しく行えるようになり、やせウォークの効果を実感できますよ。

**壁の角に背中をつけて 猫背をチェック!**

お尻の出っ張りがジャマしないように壁の角を使い、頭・背中・お尻・ふくらはぎ・かかとの5か所が壁につくか確認。猫背だと頭や背中がうまくつきません。

**猫背になると 原始人歩きに!?**

猫背になると、上半身の重心が後ろに倒れていく分、脚を前に出して歩くことになり、脚への負担が増して、太くなる原因に。姿勢をまっすぐ保つことで、脚への負担が軽減されます。

## Q 早歩きをした方がいい？

### A 早歩きをした方が運動量は上がります！

はい、ぜひ早歩きをしてみてください！　速さを上げれば、それだけ消費エネルギーが大きくなるのでおすすめです。ただ、早歩きを心がけようとすると、多くの人は大股でガシガシ歩きがちです。P.16 でも解説したように、大股歩きで体のひねりが大きくなると、姿勢が不安定になり、太ももへの負担が増えます。早歩きはなるべく小股で、スタスタと歩くとお尻まで使えて早く進み、効率的です。

## Q 「やせウォーク」は、腕の振りを気にしなくていいの？

### A 下半身と上半身がうまく連動すれば気にしなくても腕は自然に動きます

人の体は、脚を踏み出せば自然と腕が振り子のように動きます。ですから、歩くときに腕を無理に振る必要はありません。しかし、脚運びがうまくいかない人のなかには、肩甲骨周りの動きが悪くなり、それにより背骨がなめらかに動かず、腕と脚の振りがロボットのようにぎこちなくなっている人が少なくありません。そんな人は、上半身と下半身の連動がうまくいっていない可能性があるので、まずは次のページで紹介するストレッチで、肩甲骨周りをほぐして、動きをよくしてあげましょう。肩甲骨の動きがスムーズになると、無理をしなくても自然に腕の振りがよくなり、驚くほど脚運びがラクになります。

# 肩甲骨周りのストレッチ

## 1 右腕を前に出し左腕を引く

両脚を腰幅に開いて立ちます。右腕は内側に回しながら前に出し、左腕は外側に回しながら後ろに引きます。体の後ろまでひじを引き、背中や脇の筋肉に効かせましょう。

肩甲骨周りのかたさを取るストレッチです。ひじを引くときに、腕をねじるのがポイント。肩の上や背中、脇の筋肉が大きく動き、ほぐれやすくなります。左右交互にリズミカルに行いましょう。

横

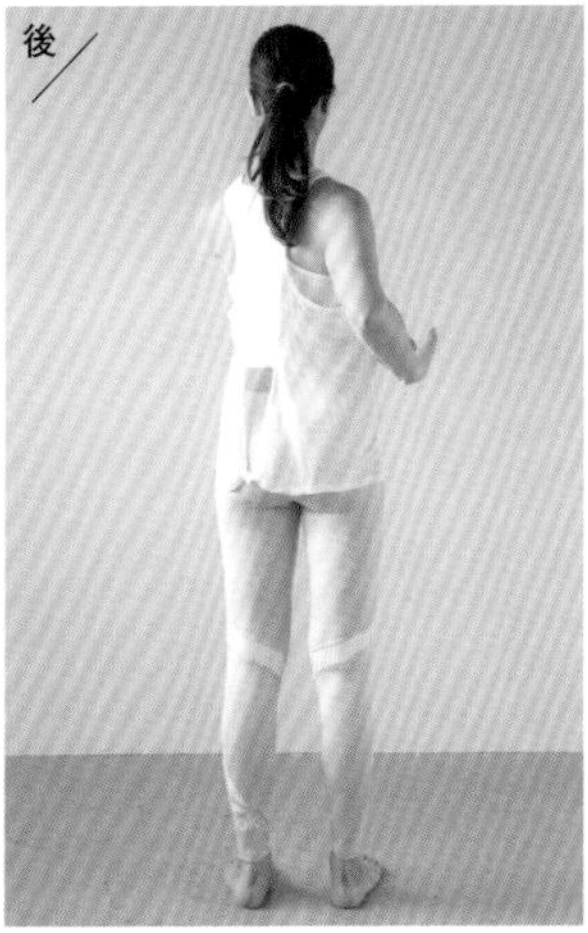
後

## 2 左腕を前に出し右腕を引く

今度は逆に、左腕は内側に回しながら前に出し、右腕は外側に回しながら後ろに引きます。体幹を意識し、腕を引いたときになるべく体をひねらないように注意しましょう。

左右交互に
20往復

動画をチェック！

## Q トレーニングが効いているかわからない。次のステップに進んでいいの？

### A 思うように動けないと感じたら2週目以降も取り組んで強化を！

この「やせウォーク」の4週間プログラムは、1週目に重要度の高いトレーニングを組み込んでいます。そのため長年、悪い歩きグセを続けてきた人だと、1週目のトレーニングをクリアするのが最初の壁になります。もし1週目のトレーニングがうまくできないのなら、もう1週間トレーニングを繰り返すか、2週目のトレーニングに進みながら1週目に「苦手だな」「あまりできていないな」と思うものをプラスしてください。また「やりにくいトレーニング」＝「自分の弱点」となるものなので、もし苦手な動きが出てきたら、それは週を問わず“上乗せ”で、取り組んでみるとより効果的です。

## Q トレーニングはいつやればいいの？

### A 決まったタイミングはありません。継続できる時間を見つけることが大事

「やせウォーク」のトレーニングは、長年積み重ねてきた歩きグセを修正するのが目的なので、一番重要なのは継続です！ ですから自分のライフスタイルの中で組み込みやすい時間を見つけて、続けてみましょう。なお、朝行えば、正しい姿勢を意識して一日を過ごせますし、夜寝る前のお風呂上がりに行えば、筋肉がやわらかくなっているのでストレッチがスムーズにできますよ。プログラムは4週間で終了になりますが、悪い歩きグセに戻らないためにも自分が「苦手だな」と感じるトレーニングをぜひ続けてみてください。

## Q 毎日7000歩は無理……。週末に歩きだめをしていい？

## A 歩きだめではなく、毎日平均的に歩く意識を

一日に歩く目標の目安は7000歩です。もし5000歩ほどしか歩けない日があったら、週末に歩きだめをしても問題ありません。ただし、ある日は7000歩だったのに、別の日は2000歩以下……と極端に歩数に差があるのは、あまり感心できません。一番いいのは毎日同じくらい歩くことです。徒歩で5〜10分ほどの距離でも車や自転車を使いがちな人は、生活の見直しを。歩数を増やす方法はあるはずなので、こまめに歩くことを意識してくださいね。もし、どうしても歩く時間がとれないのなら、家の中で踏み台昇降をするのもおすすめ。やせウォークで使う筋肉を鍛えられますよ。

## Q 偏平足気味で歩くたびに疲れてしまいます

## A 足指を動かすトレーニングを積極的に取り入れてみて

先天的に偏平足の人はいますが、大人になってからの偏平足は、足裏の筋肉が弱くなっていることが原因です。まずは足裏のアーチを鍛えましょう。偏平足の人は、土踏まずのある内側のアーチばかりに目がいきやすいですが、外側のアーチをつくることで内側のアーチもしっかりしてきます。足指を動かしたり、P.96のようなトレーニングを意識して行ってみましょう。足裏のアーチが鍛えられると、地面から受けた衝撃をうまく逃がしてくれるので、歩いても疲れにくくなりますよ。

## Q 軽い外反母趾です。対策はありますか？

## A 足裏の重心移動を意識しましょう

ウォーキングの際、足裏の重心移動がうまくできていないと、外反母趾の原因になります。外反母趾の人は、P.33の足裏の重心移動のNG例のように、かかとの外側から足をついたあと、横のアーチを経ないで足の親指のつけ根の拇指球の方に重心移動しがちです。そうなると足の親指側に過度な力がかかります。このとき、指先が動かしにくい先の細い靴を履いていると外反母趾が悪化することも。対策は、P.72のようなトレーニングで足指を動かし、外側のアーチをつくること。足裏の重心移動がスムーズになって親指側への負担が減り、外反母趾の悪化を防げます。

## Q タコや魚の目があり、歩きにくいです

## A まずは靴が合っているか、見直してみて

タコや魚の目ができる位置で原因は異なります。まず指にできる人は、靴が合っていない可能性が。きつい靴を履いていないか見直してみましょう。また足の内側や外側にできる人は、足裏のアーチが安定していないことが原因のひとつ。地面に着地した際、靴の中で足指がグラグラと動き、何度も同じ場所がこすれたり、あたってしまうと、タコや魚の日ができやすくなります。タコや魚の目が大きくなって足裏の重心移動に支障が出ると、ウォーキングのフォームが崩れる原因に。悪化させないよう、靴を見直したり、予防のためP.72やP.96のような足裏のアーチを鍛えるトレーニングを取り入れたりしてみましょう。

## Q 足指を動かすトレーニングで足の指がつります！

## A 意識することで少しずつ動くようになります

足指は、普段意識して動かしていない部分なので初めは思うように動かず、足指がつってしまう人もいるかもしれません。でも、最初はそれで大丈夫。無理のない範囲で続けてみてください。「動かそう」と意識することで脳から足先に指令が届き、次第に足指が動くようになります。さらに足指がかたい可能性もあるのでP.109で紹介している「足指ほぐし」もやってみましょう。ほぐしながら繰り返し指先を動かすと、足裏の外側のアーチも鍛えられ、偏平足や外反母趾、タコや魚の目といったトラブルも防ぐことができます。

体験談

# 4週間プログラムで全身やせに成功!

食事制限や運動をしても、年々太る一方の40代ライターHが「やせウォーク」の4週間プログラムにトライ。ハードな運動なしで、するっと全身やせに成功です!

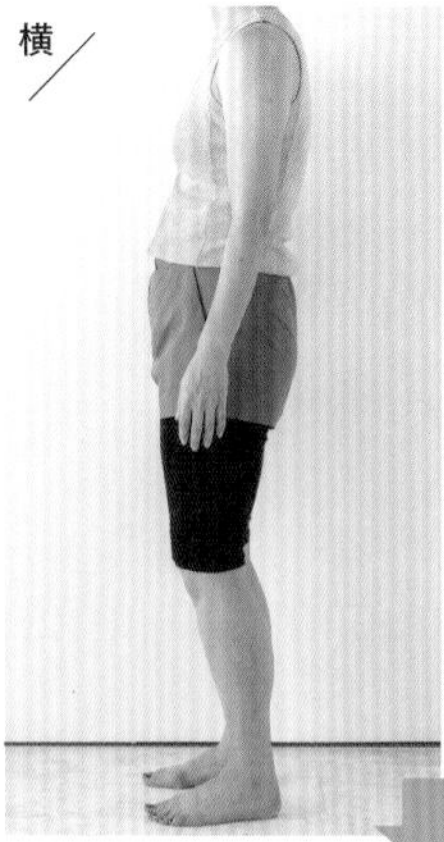


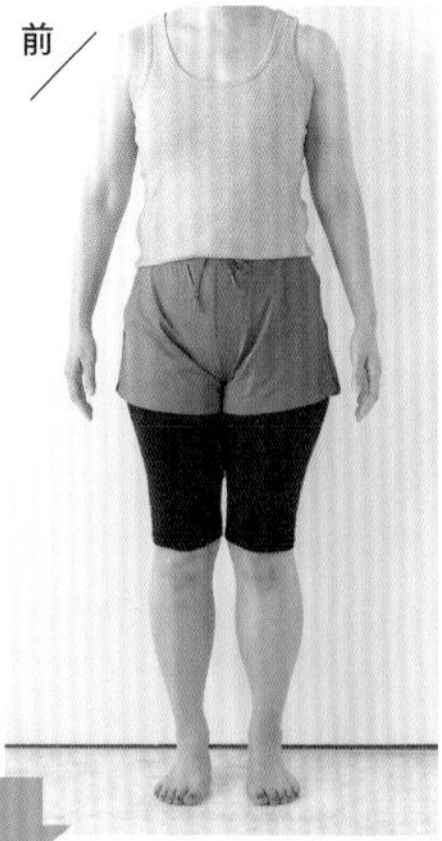


## Before

### 姿勢が悪く、腰周りにはぜい肉がたっぷり

一日の大半がデスクワークの影響もあり、巻き肩&猫背。おなかはぽっこり、お尻や腰周りにはぜい肉がたっぷりで、パンツもパツパツ。太ももやふくらはぎが外に張っています。

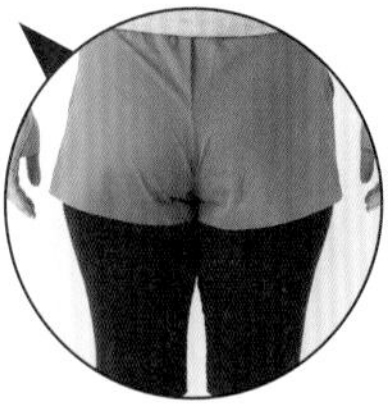
パツパツ!


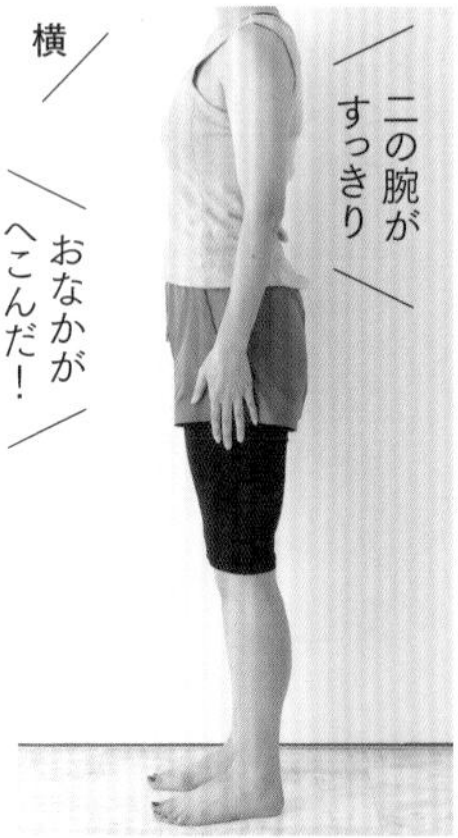


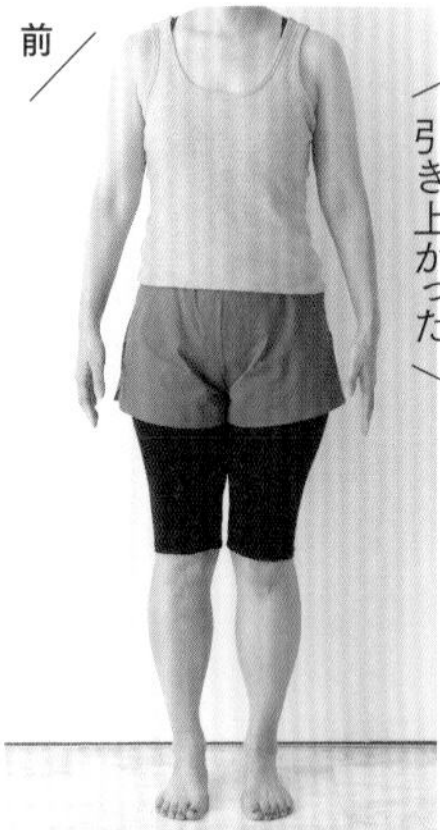
上半身が引き上がった


## After

### おなかを中心にぜい肉が落ち、姿勢まで改善!

おなかが引っ込み、ウエストにはうっすらくびれが出現。上半身が引き上がり、姿勢も改善。何をしてもやせなかった太ももとふくらはぎ、そして二の腕までも目に見えて変化が。

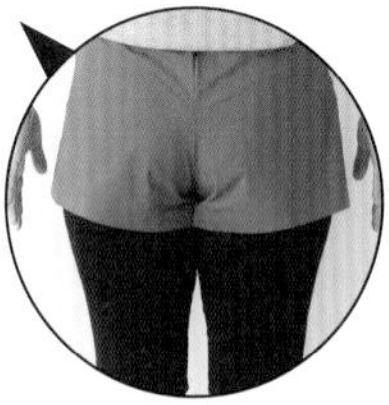
お尻、腰周りがすっきり!


| ふくらはぎ | 太もも | ヒップ | 下腹部 | ウエスト | 体重 |
| --- | --- | --- | --- | --- | --- |
| −1.2cm | −2.1cm | −3.1cm | −4.3cm | −5.6cm | −2.5kg |

## 30年以上悩んでいた下半身太りに光明が！

典型的な「X〇脚」で太ももとふくらはぎがパンパン。文化部だったのに「運動部で鍛えたでしょ？」と言われるほど、脚の太さには自信があったライターH。ダイエットで体重が標準以下になったとしても、下半身のサイズは極太なまま……。40代に入り、半ばあきらめ気味でした。

ところが「やせウォーク」のトレーニングでは1日目から実感が！　脚の可動域が広がり、歩くのがグッとラクになったのです。「ひょっとしたらこれは効くかも！」と信じ、4週間のプログラムと一日7000歩のウォーキングを継続したところ、食事内容は今までとほぼ同じにもかかわらず、全く減らなかった下半身のサイズに変化が。歩くだけでここまで減るとは、正直驚きの結果です。

## 4週間トレーニングで毎週ここに変化が!

### 1週目

**ストレッチからきつくて自分の弱点を認識**

ベーシックのストレッチからうまくできないため「ほぐし」（P.108）を念入りに行いました。股関節のかたさを取り、重心移動の意識を変えることで、1日目から脚運びがよくなるのを実感！

### 2週目

**足裏から体幹やお尻まで鍛えることで疲れにくく**

トレーニングで足裏のアーチが弱いことに気づき、足指を積極的に動かすように。腰周りのかたさと悪い歩き方が改善されてきているのか、歩いてもふくらはぎが張りにくくなってきたことに驚き。

### 3週目

**姿勢がよくなってきて顔やおなか周りもすっきり**

体幹トレーニングのおかげで姿勢が日々よくなっている実感が。おなかだけでなく、なぜか顔周りまですっきりしてきたようで、この頃になると周囲から「やせた？」と聞かれるように。

### 4週目

**体幹も鍛えられ目に見えて変化が!**

体幹が強化されたせいか歩くのがラクになり、ふくらはぎが張ることが減り、心なしかラインがすっきり。パツパツだったパンツのウエストや、ふくらはぎに少し余裕が出てきたのがうれしい！

## 念入りに行ったトレーニングがこれ

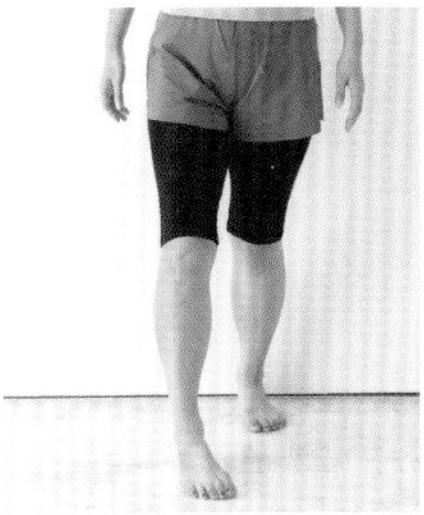

**1週目のひざ下のねじれ取り**

右ひざと足首のねじれがひどいので、2週目以降もP.58のトレーニングを実行。脚をまっすぐ振り出せ、ふくらはぎがサイズダウン。

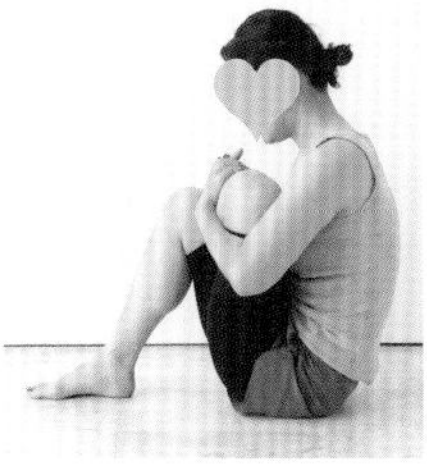

**ベーシックの股関節ストレッチ**

お尻の筋肉がかたく、このストレッチがうまくできなかったけど、毎日継続したら柔軟になり、脚運びが驚くほどスムーズに。

# あとがき

ダイエットで大事なのは、食事、運動の内容とその量だと思います。実際私は、「ダイエットは運動1割、食事9割」というタイトルの本を出しているくらいですから、食事が最も大事なことはいうまでもありません。残りの1割の運動のなかでも、とくにウォーキングが重要なことは、これまでの著書の中で、みなさんにお伝えしてきました。

しかし、これまで目にしてきた一般的なウォーキングの指導というと、正しいとされるフォームを意識することや、大きく動くことばかりが重視されていて、それは私が思うような指導ではありませんでした。

一般的なウォーキングの指導が行き渡りすぎているのか、しっかりかかとをつくように脚を前に振り出して、体をたぐり寄せるように歩いているイメージを持つ人は非常に多いのです。これでは正直、自分で力みをつくってしまっているにすぎません。どんな動作でも体の中心から手や脚が遠くなるほどに負担が増えていきます。そして、そうなるほどに

ふくらはぎやももの力が必要になってしまいます。そうして歩いた結果は、皆さんの想像の通りだと思います。

負担をかける動きよりも、なるべく効率のよい動きをすることで、美しい体がつくられていくというのが私の持論です。本書もそれに沿って、いかに皆さんがラクに歩けるかを考えて書きました。

ダイエットは、食事制限が重要だと思っていたり、運動はできるだけきついものでカロリーを消費することがすべてだと思っている人は少なくありません。しかし何が本当に大事なのかがわかると、心がスッと軽くなるのではと思います。努力ができるメンタルはあるのに、その方向性を間違ってしまうのは非常にもったいないことです。今まで何をやってもやせなかった人こそ、誰でもできる「歩く」ことから、あこがれのボディラインを手に入れましょう。

これからも皆さんの食事や運動に関する勘違いや思い込みを解消し、理想の体をつくるお手伝いができるよう、精進していければと思います。

この本をきっかけに、日常の歩き方を見直すことから、ボディメイクを始めてみてください。

Walking makes

your body beautiful!

**Staff**

アートディレクション　松浦周作(mashroom design)
デザイン　森 紗登美(mashroom design)
撮影　天日恵美子、山川修一(P.122～123)
動画撮影・編集　高橋英伸(fritz)
スタイリスト　松野下直大
ヘアメイク　堀 紘輔(プラスナイン)
イラスト　itabamoe
校正　小出美由規
構成・文　平川 恵
編集　合川翔子

いつものウォーキングが
最強のボディメイクに変わる!

# やせウォーク 4週間プログラム

発行日　2020年4月30日　初版第1刷発行

著　　者　森 拓郎
発 行 者　久保田榮一
発 行 所　株式会社 扶桑社
〒105－8070
東京都港区芝浦1－1－1　浜松町ビルディング
電話　03-6368-8870(編集)
03-6368-8891(郵便室)
www.fusosha.co.jp

DTP製作　ビュロー平林
印刷・製本　図書印刷株式会社


ISBN 978-4-594-08461-5

運動指導者

## 森 拓郎　Takuro Mori

大手フィットネスクラブを経て、2009年、自身のスタジオ『rinato』(加圧トレーニング＆ピラティス)を東京・恵比寿にオープンし、ボディメイクやダイエットを指導している。トレーニング至上主義であるフィットネス業界に疑問を感じ、運動の枠だけにとらわれない独自の角度からのアプローチにこだわりをもち、ファッションモデルや女優などの著名人の支持を集める。テレビ、雑誌など多くのメディアで注目されている、今話題のボディワーカー。著書に『翌朝小顔』(小社刊)、『ヘタ筋トレ －失敗しようがない!－』(ワニブックス刊)などがあり、著書累計90万部を突破している。

Blog　https://moritaku6.com
Twitter　@moritaku6
Instagram　@mori_taku6

モデル

## 高橋メアリージュン
Maryjun Takahashi

1987年11月8日生まれ。滋賀県出身。「横浜・湘南オーディション」でグランプリを獲得し、芸能界デビュー。その後、ファッション誌『CanCam』の専属モデルを務める。2012年、NHK連続テレビ小説『純と愛』で女優デビュー。以降、映画、ドラマ、舞台などで活躍の幅を広げる。主な出演作品に映画『闇金ウシジマくん』、『るろうに剣心』などがある。著書『わたしの「不幸」がひとつ欠けたとして』(ベストセラーズ刊)が発売に。